Uri Kaufmann

Kleine Geschichte der Juden in Europa

POCKET THEMA

Cornelsen
SCRIPTOR

Der Autor
Dr. Uri Kaufmann ist Historiker und arbeitet zurzeit an einem Forschungsprojekt zur Geschichte der Schweizer Juden. Er hat an der Hebräischen Universität Jerusalem studiert und an der Hochschule für Jüdische Studien in Heidelberg jüdische Geschichte gelehrt. Er beschäftigt sich mit der Sozialgeschichte der Juden in Mitteleuropa vom 18. bis zum 20. Jahrhundert.

Cornelsen online http://www.cornelsen.de

Gedruckt auf chlorfrei gebleichtem Papier
ohne Dioxinbelastung der Gewässer.

Bibliografische Information
Die Deutsche Bibliothek verzeichnet diese Publikation in der Deutschen Nationalbibliografie; detaillierte bibliografische Daten sind im Internet über http://dnb.ddb.de abrufbar.

Dieses Werk berücksichtigt die Regeln der reformierten Rechtschreibung und Zeichensetzung.

4. 3. 2. 1. Die letzten Ziffern bezeichnen
06 05 04 03 Zahl und Jahr der Auflage.

Redaktion: Sabine vom Bruch, Berlin
Umschlaggestaltung: Bauer + Möhring, Berlin, unter Verwendung eines Fotos von akg-images, Berlin
Layout und Herstellung: Julia Walch, Bad Soden
Druck: Clausen & Bosse, Leck
Printed in Germany
ISBN 3-589-21674-3
Bestellnummer 216743

Inhalt

Bildnachweis

S. 10 Römermuseum Augst
S. 15, 19 Staatsbibliothek zu Berlin – Preußischer Kulturbesitz, Orientabteilung
S. 22 Jüdisches Museum Berlin
S. 27, 93 dpa
S. 33 Postkarten aus der Zeit um 1900
S. 38 beide Berlin, Stadtmuseum Berlin, Foto: Stadtmuseum Berlin
S. 40 Jüdisches Museum, © Henry Gawlik, Museum der Stadt Hagenow
S. 48, 65 Archiv Dr. Nachum T. Gidal im Steinheim-Institut Düsseldorf
S. 66 YIVO Photo Archives New York, N.Y.
S. 75, 81 Bildarchiv Abraham Pisarek, Ruth Gross, Berlin
S. 84 akg-images
S. 87 Volker Keller, Mannheim 1984
S. 88 Eva Maria Kraiss, Schwäbisch-Hall
S. 91 Dirk Vogel, Dortmund
Karten S. 21, S. 82 Rainer Fischer
Portraitzeichnungen Klaus Müller

Nicht in allen Fällen war es uns möglich den Rechteinhaber ausfindig zu machen. Berechtigte Ansprüche werden selbstverständlich im Rahmen der üblichen Vereinbarungen abgegolten.

Vorwort

Mit dieser kurzen Geschichte der Juden in Europa soll ein geraffter Überblick geboten werden. Die Darstellung ist nicht bloß an den „großen Männern, die Geschichte machen“, orientiert, sondern es ist beispielsweise die Rede von der Position der Frauen in Mittelalter und Neuzeit, von den einfachen Landjuden (16. bis 19. Jh.) oder von der Modernisierung des jüdischen Schulwesens im 19. und 20. Jh. Die europäischen Juden erscheinen hier als ihre Geschichte prägende Menschen, die sich in den verschiedenen Gegenden Europas – zumindest bis zur Schoah – ansässig fühlten. Die Lebensbedingungen waren unterschiedlich und durch die mittelalterliche Judenfeindschaft und den modernen Antisemitismus mitbestimmt. Das jüdische Leben wurde durch den Massenmord an den Juden 1939–45 fast ausgelöscht, trotzdem hat sich die jüdische Kultur und Lebensart an verschiedenen Orten in Europa immer wieder neu entfaltet.

Nach dem erzählenden Textteil bietet ein ausführlicher Anhang die Möglichkeit, das Wissen zu überprüfen, und vor allem zu erweitern und zu vertiefen. Hält man die Zeittafel neben die üblichen chronologischen Abrisse der deutschen oder europäischen Geschichte, kann man die jüdische Geschichte den Grundkenntnissen gewissermaßen zuordnen.
Die Sammlung von Literaturtiteln, Internetadressen und Museen und Instituten ist deshalb so ausführlich, – weil zum einen die Lexika, Nachschlagewerke, Überblicksdarstellungen, Bibliografien und Standardwerke zu den verschiedenen

europäischen Regionen aus diesem Band zusammengestellt wurden, – zum anderen weil sich viele Menschen auf die Spuren jüdischen Lebens in ihrer Heimat begeben. Mit diesen Angaben können sie ihre regionale Recherche über jüdisches Leben früher und heute beginnen.
Die Internetadressen lesen sich verschieden. Manche sind wie Illustrierte, andere vermitteln viele Sachinformationen und Kontakte. Der Band schließt mit Register und Glossar. Im Glossar werden alle Begriffe, vor denen im Textteil ein schräger, roter Pfeil ↗ steht, erläutert.

Damit eröffnet dieses Pocket Thema Buch einen weniger bekannten Weg durch tausend Jahre europäischer Geschichte aus jüdischer Perspektive. Es versteht sich bewusst als Ergänzung zu dem Band *Judentum* von Katharina Hoba und Gesa Löbbecke in derselben Buchreihe.

Warum eine Geschichte der Juden Europas?

Europa – und damit auch die europäische Kultur – nahm einen ganz zentralen Platz in der jüdischen Geschichte vom 8. bis zum 20. Jh. ein. Denn vom Mittelalter bis zu den 1930er Jahren lebten die meisten Juden in Europa. Dort bildeten sich auch die wichtigsten geistigen Strömungen auf der Grundlage des Talmuds heraus. Innerhalb der europäischen Juden formierten sich verschiedene Gruppen: Im Mittelalter unterschied sich die jüdische Kultur in Spanien (= Sfarad) deutlich von der im Frankenreich und im Deutschen Reich. In der Neuzeit sahen sich die osteuropäischen Juden als nationale Minderheit an, in Westeuropa hingegen als reine Glaubensgemeinschaft. Bis zum Aufkommen des Nationalsozialismus waren verschiedene jüdische Traditionen in Europa lebendig, obwohl die Juden nur eine kleine Minderheit waren. Im 19. Jahrhundert nahmen die Auswanderer in die USA viel Europäisches mit, wie auch die jüdische Bevölkerung des britischen Palästinamandats bis zur Gründung des Staates Israel 1948 mehrheitlich von europäischen Einwanderern geprägt war.
Dieses Buch möchte die religiöse und kulturelle Vielfalt des Judentums in Europa in ihrer geschichtlichen Entwicklung darstellen. Aus dem jüdischen Blickwinkel ergibt sich ein anderer Zugang zur allgemeinen europäischen Geschichte. Viele deutschsprachige Darstellungen über die Juden in Europa waren bisher sehr auf Deutschland ausgerichtet. Gingen doch tatsächlich wichtige Anregungen von den deutschsprachigen Juden in der Neuzeit aus. Daneben stehen jedoch die spanischen Juden des Mittelalters sowie die inneren Ent-

wicklungen unter den polnischen und russischen Juden, die in der Neuzeit und bis heute die Mehrheit der europäischen Juden bilden.

In einem zusammenwachsenden Europa spielt die verbindende Kraft des jüdischen Glaubens in verschiedenen Kulturen an verschiedenen Orten Europas eine nicht unerhebliche Rolle. Ob allerdings die europäischen Juden nach dem Massenmord durch die Nazionalsozialisten und nach den massiven Auswanderungswellen der letzten fünfzig Jahre eine Zukunft haben, wird sich erst zeigen.

Die Anfänge europäischen Judentums im Mittelalter

Die Anfänge des Judentums liegen im alten Israel. Nach Europa kamen Juden zunächst als Sklaven im Jahre 63 v. Chr. (vor der christlichen Zeitrechnung) nach Rom, nachdem die ***Römer*** den Tempelberg in Jerusalem belagert und die jüdischen Herrschaften zu römischen Provinzen gemacht hatten. Bis heute wohnen ununterbrochen Juden in Rom, das somit die älteste jüdische Gemeinde Europas ist. Die frühesten Belege für eine Ansiedlung von Juden in Spanien stammen aus dem 2. Jh. Für das 4. Jh. finden wir sie in Marseille, Arles, Narbonne und Avignon. Zur selben Zeit (321/331) wird erstmals eine jüdische Gemeinde in Köln, der damals römischen Colonia Agrippina, erwähnt.
Der Schwerpunkt jüdischer Ansiedlung liegt zu dieser Zeit aber im Nahen Osten, in Mesopotamien (dem biblischen Babylon), das später von den Muslimen Irak genannt wird. Hier wurde bis zum Jahr 500 das wichtigste religionsgesetzliche Werk, der babylonische Talmud, an den berühmten jüdischen Hochschulen (Jeschiwot) von Sura, Nehardea und Pumbedita abgefasst und die jüdische Religion damit auf eine neue Grundlage gestellt. Die Repräsentanten der jüdischen Gemeinschaft in Babylon, die „Exilarchen“, führten vom 3.–11. Jh. eine großartige Hofhaltung, verbunden mit viel Prunk, Zeremonien und Bediensteten.
Anders sieht es zu dieser Zeit in den römischen Provinzen, vor allem der ***Provincia Judaea,*** aus. Das Land Israel, die Heimat des Judentums, war durch zwei Aufstände gegen die Römer zwischen 70 und 132–135 n. Chr. sehr geschwächt, der Tempel, das Zentrum der jüdischen Religion, zerstört.

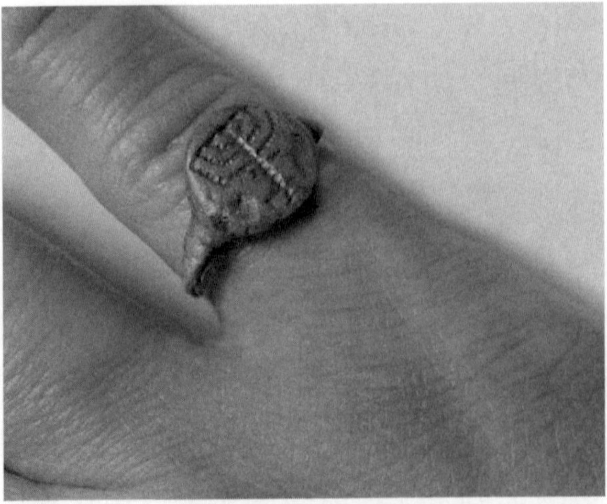

Auf dem jüngst in der Schweiz gefundenen Ring sind der siebenarmige Leuchter (Menora), die Zitrusfrucht Etrog und der Schofar (Widderhorn) zu sehen. Die letzten beiden sind Symbole für die hohen jüdischen Feiertage im Herbst. Der Ring stammt wahrscheinlich aus dem 4. Jh. n. Chr. und ist im Römermuseum Augst in der Schweiz zu sehen.

Kaiser Hadrian rächte sich für den Widerstand der Juden. Er wollte jeglichen Hinweis auf sie im Namen des Landes tilgen und nannte es deshalb Palästina; weiterhin verbot er ihnen das Betreten der heiligen Stadt Jerusalem und baute an ihrer Stelle eine römische Kolonie namens Aelia Capitolina mit Tempeln und Götzenbildern auf.
Trotzdem waren die Juden im Römischen Weltreich von etwa 212–324 n. Chr. in aller Hinsicht gleichberechtigte Bürger. Dadurch dass das ***Christentum*** unter Kaiser Konstantin zur ***Staatsreligion*** erhoben worden war, verschlechterte sich die Rechtslage der Juden nach 324. Nach der Teilung des Römischen Reiches im Jahr 395 schafften sowohl die römischen als auch die byzantinischen Kaiser die Gleichstellung in vielen Bereichen ab, allerdings wurden nicht alle ein-

schränkenden Vorschriften in den Provinzen tatsächlich umgesetzt. So durften keine neue Synagogen gebaut werden, die Haltung von Haussklaven wurde immer mehr erschwert, und Juden sollten keine Hoheitsfunktionen im christlichen Staat, beispielsweise die Pachtung von Zöllen, ausüben dürfen. Christliche Konzile verboten, dass Christen zum jüdischen Glauben übertraten. Es kam jedoch vor: So trat die Oberschicht des Reitervolkes der Chasaren auf der Halbinsel Krim um 740 zum Judentum über, wie auch Stämme im Jemen um 525 ein eigenes jüdisches Königreich unter Du-Nuas gegründet hatten. Auch in Nordafrika müssen um diese Zeit Berberstämme zum Judentum übergetreten sein, ebenso in Äthiopien, gefördert durch Juden aus Oberägypten (↗Falaschas). D. h., diese Menschen verstanden das Judentum als Religion, nicht etwa als Rasse oder Nation.
Jüdische Händler aus Syrien und Mesopotamien durchzogen die arabische Halbinsel, wo sie im 7. Jahrhundert auf Anhänger des Propheten Mohammed und christliche Kaufleute stießen. Mit dem ***Islam*** fasste die dritte monotheistische Religion im arabischen und Mittelmeerraum Fuß. Bald unternahmen muslimische Herrscher erfolgreiche Eroberungszüge nach Nordafrika und Spanien. Anfänglich waren die Muslime in den neu eroberten Gebieten in der Minderheit und so verfügten sie eine Kennzeichnung der nichtmuslimischen Gruppen, auch der Christen, an der Kleidung. Diese waren nicht voll gleichberechtigte Einwohner. Sie mussten für ihren Schutz (↗Dhimma) unter oft entwürdigenden Umständen Abgaben bezahlen, durften nur in eigenen Vierteln wohnen und sich nicht wie Muslime kleiden oder auf einem edlen Pferd reiten.
Im neunten und zehnten Jahrhundert bildeten sich zwei neue jüdische Siedlungsschwerpunkte heraus: Einerseits waren jüdische Unternehmer in ***Andalusien,*** das nach 711 unter muslimischer Herrschaft war, zum Aufbau der Wirtschaft und Verwaltung sehr willkommen. Sie wurden dort weitgehend in die arabische Gesellschaft und Kultur integriert. Man bezeichnet sie als ***sephardische Juden*** nach dem bibli-

schen geografischen Namen ↗Sfarad. Andererseits entwickelten sich in ***Nordfrankreich*** und im ***Rheinland*** neue jüdische Zentren, die bald darauf mit den biblischen geographischen Begriffen ↗Zarfat und ↗***Aschkenas*** identifiziert wurden. Bedeutende Gelehrte haben hier eigene religiöse Traditionen begründet.

Sfarad: Ein goldenes Zeitalter in Spanien (8.–15. Jh.)

Schon vor der muslimischen Invasion im Jahr 711 wohnten Juden an der Küste der iberischen Halbinsel. Unter den Westgoten-Königen verschlechterte sich ihre Lage so sehr, dass viele wieder auswanderten oder zum Christentum übertraten. Für die Muslime waren die Juden in Andalusien aus verschiedenen Gründen nützlich. Als Minderheit waren sie auf gute Beziehungen zu den Herrschern angewiesen und hatten keine Verbindungen zu den feindlichen christlichen Fürstentümern im Norden. Viele Juden hatten Erfahrung mit wirtschaftlichen Dingen und waren mit den Wissenschaften, besonders der Medizin, vertraut. Die Oberschicht wurde Teil der höfischen Gesellschaft um den Kalifen in Cordoba und stieg somit sozial auf. Schmuel ha-Naggid (um 990–1055) diente sogar als Minister (nach 1027), was den muslimischen Theologen allerdings nicht behagte. Neben seinem weltlichen Amt war er auch Dichter und Talmudforscher.

Die jüdische, wie auch die arabische Kultur Spaniens befand sich auf hohem Niveau. Die hebräische Sprache und der Talmud wurden erforscht, als Ergebnis daraus entstanden Grammatiken und wichtige Bibelkommentare.

Einer der bedeutendsten ***Gelehrten*** war ***Isaak Alfassi*** (1013–1103), der in Lucena verstarb. Die hebräische Dichtung war von der zeitgenössischen arabischen stark beeinflusst, wie auch viele Juden auf Arabisch, der Umgangssprache in muslimischer Zeit, dichteten. Einer der bekanntesten ***Dichter*** war Juda Halevi (1086–1141), der auch Nachrichten von dem Volk der Chasaren in seinen Werken überlieferte. (s.

S. 11). Wunderschöne ***Handschriften*** entstanden und viele jüdische Gelehrte setzten sich mit der arabischen Philosophie auseinander, die ihrerseits auf die Werke der klassischen Autoren Griechenlands und Roms aufbaute und den Aristotelismus wieder entdeckte und weiterführte. Durch die Vermittlung der Juden wurde dieses Gedankengut auch ins christliche Europa getragen.

Von herausragender Bedeutung war der 1135 in Cordoba geborene ***Moses Maimonides.*** Er schrieb 1190 auf Arabisch einen „Führer der Verirrten“, der den Text der Bibel für philosophisch-kritische Leser erklären sollte. Weiter fasste er alle Vorschriften der jüdischen Tradition in einem Werk (Mischne Tora, 1180) zusammen und gliederte sie systematisch. Dieses Meisterwerk wird bis heute benutzt. Als eine muslimische Gruppe, die Almohaden, in Andalusien um 1150 die Macht ergriff, flüchte die Familie von Maimonides nach Nordafrika. Er selbst gelangte nach Kairo und lebte dort als Arzt und maßgebliche Autorität. Viele weit entfernte jüdische Gemeinden baten ihn um Rechtsgutachten.

Moses Maimonides (1135–1204) war der bedeutendste Gelehrte der spanisch-jüdischen Tradition. Er war nach seiner Flucht aus Spanien als Arzt in Kairo tätig.

Nach seinem Tod (1204) entbrannte ein heftiger Streit über die Bedeutung seines philosophischen Werkes. Seine Gegner waren die ***Mystiker,*** die sich inzwischen zu einer einflussreichen Schule mit Zentrum in Gerona entwickelten. In ihren Kreisen kursierte ein Buch, das unter der Redaktion von Moses ben Schemtow de Leon (1250–1305) entstanden war und viele Schichten älterer mystischer Literatur zusammenstellte; es hieß „Sefer ha-Sohar“ (Buch des Glanzes).

Nachmanides 1195–1270
Nachmanides wirkte in Gerona in Spanien als Arzt, Rechtsgelehrter und jüdischer Mystiker. Er wandte sich gegen die rationalistische Bibelinterpretation von Moses Maimonides. 1263 wurde er zu einem Glaubensgespräch mit einem Konvertiten gezwungen. Seine Verteidigung des Judentums erregte auf christlicher Seite so viel Ärger, dass er aus Aragonien verbannt wurde. 1267 wanderte er ins Land Israel aus und ließ sich in Jerusalem nieder. Dort renovierte er eine Synagoge und richtete ein Lehrhaus ein.

1085 erreichte die ***christliche Wiedereroberung*** (Reconquista) ***Spaniens*** mit der Einnahme Toledos einen Höhepunkt. Im Laufe des 13. Jh. gingen viele Städte des muslimischen Kalifats an die Königreiche auf der iberischen Halbinsel verloren. Nach dem vorläufigen Abschluss der Reconquista lagen die Machtinteressen des kastilischen Königs Alfonso in Italien. Seine Expansionsziele stießen aber auf den Widerstand der Ständeversammlung, der gerade eroberten muslimischen Bevölkerung und der Kurie, die ihren Kirchenstaat in Mittelitalien bedroht sah. So geriet der König unter den Druck des Papstes und erzwang im Jahr 1263 in Barcelona so genannte Glaubensgespräche mit den Vertretern der Juden. Durch sie sollte die Wahrheit der christlichen Lehre bewiesen werden. König Alfonso ließ im 13. Jh. unter anderen literarischen und wissenschaftlichen Werken auch ein Gesetzbuch ins Kastilische übertragen (ein Teil der „Siete Partidas“ d. h. Sieben Teile), aufgrund dessen sich auch die Rechtsstellung der Juden verschlechterte. Allerdings dauerte es lange, bis die geplanten Einschränkungen umgesetzt wurden.
Im Jahr 1391 hatte sich das Blatt gewendet, als es zu ***Pogromen gegen Juden in Sevilla*** und von Barcelona bis nach Valencia kam. Viele Juden traten unter diesem Druck zum

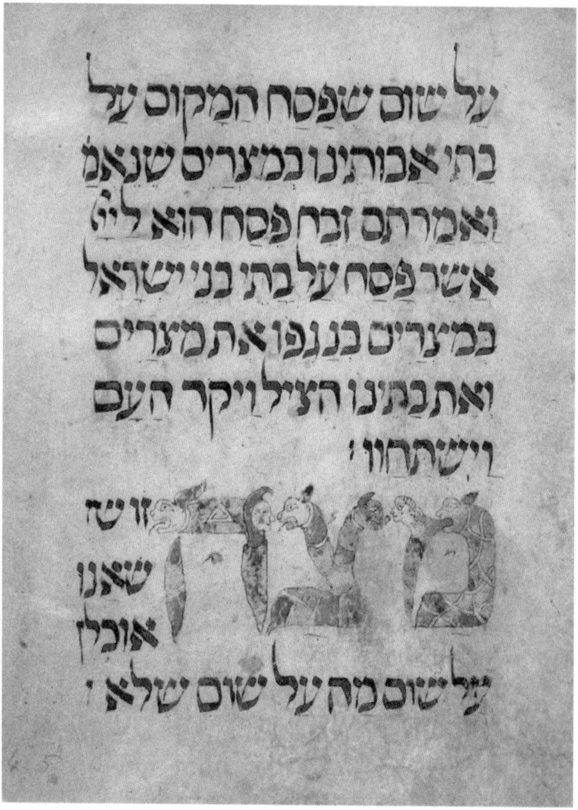
על שום שפסח המקום על
בתי אבותינו במצרים שנאמ׳
ואמרתם זבח פסח הוא לי״י
אשר פסח על בתי בני ישראל
במצרים בנגפו את מצרים
ואת בתינו הציל ויקד העם
וישתחוו׃
מצה זו ש
שאנו
אוכלין
על שום מה על שום שלא׃

Vorlage für die häusliche Feier zum Gedenken der Befreiung aus Ägypten (Pessach-Hagada). Die sephardische Handschrift zeichnet sich durch ihre quadratische Form und die breiten senkrechten Striche aus. Spielerisch gestaltet der Schreiber einige Buchstaben aus Figuren.

Christentum über, blieben jedoch teilweise der angestammten Religion verbunden. Die Kirche zweifelte die Rechtgläubigkeit dieser neuen Christen an. Diese Entwicklung

Abraham Zacuto
Geb. 1450 in Salamanca, machte er sich einen Namen als Astronom und lehrte an der Universität, was für Juden ein außerordentliches Privileg war. 1492 flüchtete er nach Portugal, wo er Hofastronom des portugiesischen Königs wurde und den Seefahrer Vasco da Gama bei seinen Fahrten nach Indien beriet. Der Verfügung der Zwangstaufe in Portugal 1497 entzog er sich durch Flucht nach Tunesien, wo er eine Chronik verfasste und kurz darauf starb.

mündete in die Einführung der ***Inquisition in Kastilien*** (1481) – das ist die rechtmäßige Verfolgung, Verurteilung und Folter aller Ungläubigen, die, wenn sie sich nicht zum christlichen Glauben zwingen ließen, größtenteils auf dem Scheiterhaufen verbrannt wurden. In Kastilien waren davon zumeist Juden, Muslime und die Conversos betroffen. Diese von den europäischen Königshäusern und dem Papsttum gemeinsam beschlossene Politik führte schließlich zur Vertreibung der Juden aus Spanien (31. Juli 1492). Die Hälfte der Juden entschloss sich zur ***Flucht*** und wandte sich ***nach Marokko, nach Italien*** und ins ***Osmanische Reich.*** Portugal folgte 1497 der spanischen Politik und ließ die dorthin geflüchteten Juden zwangsweise taufen. Gegenüber den unter Druck getauften Neuchristen wuchs das Misstrauen der Obrigkeit, und Satzungen der „Reinheit des Blutes“ (limpieza de sangre) wurden erlassen. Christliche Familien in Spanien mussten vor Antritt kirchlicher und staatlicher Ämter für mehrere Generationen rückwärts nachweisen, dass sie keine jüdischen Vorfahren hatten. Die Grundlage des Rassismus ist demnach deutlich älter als seine Auswüchse im 19. und 20. Jh. Die Inquisition wurde in Spanien und Portugal erst in der ersten Hälfte des 19. Jh. aufgehoben. Die spanisch-jüdische Tradition setzte sich an den Exilorten teilweise fort. Verfolgte Juden und Zwangsgetaufte flohen aus Furcht vor der Inquisition und gründeten neue jüdische Gemeinden in der spanisch-jüdischen Tradition, etwa in Venedig, Istanbul, Saloniki und Izmir und nach 1570 in Bordeaux, Bayonne, Biarritz in Südwestfrankreich, um 1600 in Amsterdam und Hamburg, nach 1656 in London.

Von den heiligen drei Gemeinden in Aschkenas (10.–15. Jh.)

Fernhändler durchquerten im 9. und 10. Jh. Mitteleuropa. So erfahren wir im 964 auf Arabisch verfassten Reisebericht des jüdischen Händlers Ibrahim ibn Jakubs aus dem spanischen Tortosa die ersten Nachrichten über Slawen in Mecklenburg. Zwischen 950 und 1000 bildeten sich, vermutlich durch Zuwanderung aus Italien, die ersten ***jüdischen Gemeinden*** im ***Rheinland,*** in Speyer, Worms und Mainz. Nach den Anfangsbuchstaben (Sch, W, M) wurden sie ↗***Schum-Gemeinden*** genannt. Im Verlauf des Mittelalters siedelten Juden entlang der Wasserstraßen von der Rheinebene aus Richtung Süden, Osten und Westen. In den drei Schum-Gemeinden entwickelten sich bedeutende Lehrhäuser und der ***aschkenasische Synagogenritus,*** befruchtet auch durch Gelehrte aus Nordostfrankreich, das auf Hebräisch „Zarfat" heißt.
In Mainz wirkte Rabbenu Gerschom (960–1028), der hochangesehen war und für die aschkenasischen Juden die Einehe verfügte. Er verbesserte den Status der jüdischen Frau. Sie musste bei einer Scheidung gefragt werden und konnte sich durch die „Aufschiebung des Gebetes" an die Gemeinde zur Klärung einer wichtigen Frage wenden. Die jüdischen

mittelalterlichen Quellen sprechen nur selten von ***Frauen.*** Vereinzelt finden sich Hinweise auf Töchter von Gelehrten, die ihrerseits angesehen waren. Archäologische Grabungen in Speyer im Jahr 2002 haben die „Weiberschul“, die Frauenabteilung der mittelalterlichen Synagoge, freigelegt. Hieran lässt sich zeigen, dass Frauen einen völlig separaten Gottesdienst in einem eigenen Raum mit Wanddurchbrüchen zum Männergottesdienst durchführten. Die weiblichen Kantorinnen hießen auf ↗Jiddisch „Vorsagerinnen“. Einige Rabbinertöchter galten als sehr gebildet.
Rabbinerversammlungen der drei Gemeinden erließen neue Rechtsnormen für das Ehe- und Erbrecht (↗Takkanot Schum), die für die nachfolgenden Generationen Gültigkeit hatten. Weiter verfügte Rabbenu Gerschom das Postgeheimnis.
In Worms wirkte Rabbiner Schlomo Jzchaki (1040–1105), kurz Raschi genannt. ***Raschi*** stammte aus dem französischen Messeort Troyes in der Champagne, wohin er zurückkehrte. Er verfasste einen Kommentar zu Bibel und Talmud, der auch heute noch benutzt wird. Er geht zuerst vom Wortsinn aus, versucht den richtigen Wortlaut aus den verschiedenen Manuskripten herzustellen und übersetzt hebräische Begriffe ins Altfranzösische.
In den Stadtgemeinden gingen alle Knaben in die ***Schule***, um die hebräische Sprache zu lernen und die religiösen Quellen zu studieren. Die Unterweisung begann im Alter von fünf Jahren. Besonders Fähige absolvierten ein Studium an Talmudhochschulen von sieben Jahren. Erst 1370 wurde die formale Ordination zum Rabbiner (d. h. Meister) üblich. Dieser Titel entsprach in etwa dem „Doktor“ der Universitäten, von denen diese religiöse Ausbildung vollständig getrennt war. In derselben Zeit wurde das Rabbinat ein bezahltes Amt der jüdischen Gemeinde.
Die Juden der drei Schumgemeinden lebten vorwiegend in einem Wohnviertel der Stadt, worin aber auch Christen wohnten. Ein friedliches Nebeneinander war bis zur Zeit der ***Kreuzzüge*** normal.

Pessach-Hagada der aschkenasischen Tradition. In der aschkenasischen Schrift sind die waagrechten Balken besonders betont.

Einen ersten Bruch erlebte diese Normalität durch die Judenverfolgungen während des ersten Kreuzzugs (1096). Ein Teil der Kreuzritter unter Anführung eines gewissen Emicho überlegte sich, dass der Weg nach Palästina weit sei, die angeblichen Feinde des Christentums aber – die Juden – doch in unmittelbarer Nähe lebten. Viele Juden wurden als Rache dafür, dass sie Jesus ans Kreuz geschlagen hätten, ermordet. Daraus entstand eine Märtyrerverehrung unter den aschkenasischen Juden, die wir in dieser Form bei den sephardischen Glaubensgenossen nicht kennen. Eine kleine Gruppe, die Frommen von Aschkenas (Chasside Aschkenas) entwickelte ein neues, mystisch geprägtes Lebensideal, das sich mit seinen Bußübungen stark vom weltzugewandten sephardischen Judentum unterschied. Die aschkenasischen Juden hatten im Mittelalter wenig Interesse an den allgemeinen Wissenschaften.

Verfolgungen und Katastrophen zur Zeit der Kreuzzüge

1298 behauptete ein Mann namens Rindfleisch im fränkischen Röttingen, Juden würden heimlich ***Hostien schänden,*** und führte einen Zug durch Franken, von Würzburg nach Frankfurt, Erfurt und Nördlingen an. 146 jüdische Niederlassungen wurden angegriffen, etwa zwanzigtausend Juden ermordet. Im Rheinland unterstellte man ihnen 1338 christliche ***Kinder zu töten,*** um das ungesäuerte Brot zu Pessach herstellen zu können („Armleder"-Banden). Am schlimmsten waren die Verfolgungen zur Zeit der Beulenpest 1348/49. Juden wurde unterstellt, heimlich ***Brunnen vergiftet*** zu haben, um sich an den Christen zu rächen. Die Verfolgungen breiteten sich vom Januar 1348 in Südfrankreich über das Gebiet der heutigen Schweiz nach Süddeutschland aus. Oft waren die Morde im Voraus geplant und das Eigentum unter den Interessierten schon aufgeteilt. Einigermaßen verschont blieben nur die Gemeinde Regensburg und die Juden in den weiter östlich gelegenen Gebieten.

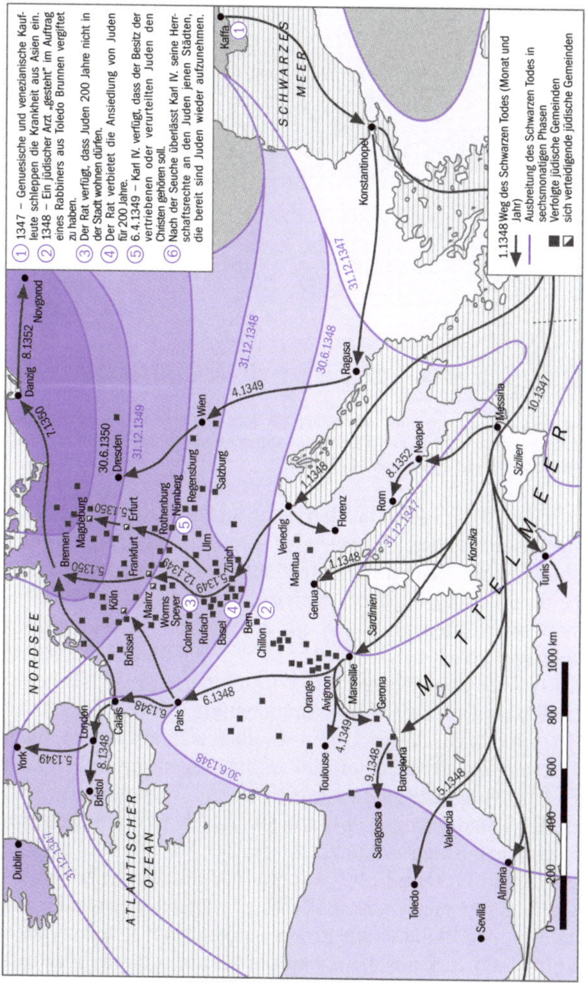

Die Karte veranschaulicht den Zusammenhang zwischen der Ausbreitung der Pest und den Judenverfolgungen in der Mitte des 14. Jh.

Im religiös aufgeheizten Klima des 15. Jahrhunderts wurden Juden mit dem Schwein in Verbindung gebracht und auf diese Weise diffamiert. Süddeutscher Holzschnitt um 1470/80

Nach 1350 wurden an vielen Orten im Deutschen Reich wieder Gemeinden gegründet, doch waren sie kleiner und hatten ihre frühere Bedeutung eingebüßt. Der Schwerpunkt jüdischer Siedlung verlagerte sich nach Osteuropa. Im 15. Jahrhundert wurden sie erneut aus den meisten Städten ausgewiesen (Basel 1397, Zürich 1436, Augsburg 1440, Genf 1491, aus dem Herzogtum Württemberg 1498, Nürnberg und Ulm 1499, der Mark Brandenburg 1510, Regensburg 1519 etc.). Die Vertriebenen wandten sich aufs Land, nach Osteuropa und nach Norditalien. Im Gegensatz zu England (Vertreibung 1291), Frankreich (letzte Vertreibung 1394) und Spanien/Portugal (1492/97) waren aber immer Juden im Deutschen Reich wohnhaft.
Zwischen 1100 und 1400 war unter den Juden der Beruf des Geldhändlers am meisten verbreitet, danach trat wieder der Waren- und Pfandhandel in den Vordergrund. Juden konnten kein Handwerk ausüben, weil die Zünfte sehr strenge Aufnahmebedingungen hatten und u. a. für Juden nicht offen standen.

Jüdische Bräuche

In der Zeit der Vertreibung sammelte Jakob ben Moses ha-Levi, genannt „Maharil“ (um 1355–1427) die vorhandenen religiösen ***Bräuche*** und ließ sie durch seine Studenten aufschreiben. Jede Gemeinde war stolz auf ihre lokalen Eigenheiten, besonders die alten Gemeinden von Frankfurt, Worms, Mainz, Friedberg und Prag. Seit dem Mittelalter hatte sich ein reiches Brauchtum entwickelt; einige Bräuche sind wahrscheinlich auf christlichen Einfluss zurückzuführen. Vom „Jahrzeitlicht“ nimmt man das beispielsweise an, das man am Todestag eines nahen Verwandten jährlich anzündet, um seiner zu gedenken. Auf einen Brauch von Kölner Christen soll das „Taschlich“ zurückgehen, das symbolische Wegwerfen der Sünden an einem Gewässer zur Zeit der Hohen Feiertage im Herbst.

Aus den gewaschenen Windeln eines Sohnes fertigte die jüdische Mutter ein etwa drei Meter langes Band an, das bunt bestickt oder bemalt wurde und meist mit dem Spruch „er soll wachsen zu den Geboten, zur Hochzeit und zu guten Taten“. Meist mit drei Jahren brachte der Junge dann dieses Tuch in die Synagoge, wo es zum Zusammenbinden der Torarollen diente. Für Mädchen gab es als Ersatz den „Holekrasch“. Symbolisch wurde die Wiege des Neugeborenen emporgehoben und der weltliche Name des Kindes ausgesprochen. Dieser Brauch geht sicher auf das 13. Jahrhundert zurück und ist für Süddeutschland und das Elsass belegt. Heute pflegen nur noch wenige Familien in Straßburg und der Schweiz diesen Brauch.

Diaspora und Kontinuität: Orte jüdischen Lebens an der Wende zur Neuzeit

Intermezzo in Italien (1450–1550)

In Rom konnte sich trotz aller Verfolgung die jüdische Gemeinde halten. Die Päpste nutzten oft die Dienste jüdischer Ärzte und Bankiers, obwohl sie dies den christlichen Gläubigen verboten. Süditalien kam nach 1510 unter spanischen Einfluss und so wurden die Juden von dort vertrieben. In Norditalien konnten sie sich halten. Mantua entwickelte sich zu einer blühenden jüdischen Gemeinde unter den Herzögen von Gonzaga.
Die Gelehrten der ***Renaissance*** waren am ***Hebräischen interessiert*** und gingen von der Vorstellung einer Dreiheit der klassischen Sprachen, Griechisch, Latein und Hebräisch, aus. Elija Levita unterrichtete Christen in Rom in Hebräisch. Viele nichtjüdische Gelehrte waren an der Mystik interessiert, unter anderen auch der Pforzheimer Gelehrte Johannes Reuchlin (1455–1522). Er wandte sich gegen das Verbrennen jüdischer religiöser Schriften und fiel deswegen beim Papst in Ungnade.
Infolge der Gegenreformation (das ist die katholische Antwortbewegung auf die Reformation) verschärfte sich das geistige Klima. Die ***Reformatoren*** (Luther, Calvin, Melanchthon) hatten die katholische Lehre infrage gestellt, weshalb die ***Katholiken*** wiederum ihre Lehre verteidigten und der Papst das katholische Christentum als das einzig wahre gelten ließ. Wer sich nicht zum rechten Glauben bekannte, wurde verfolgt, sofern er nicht woanders hinzog und flüchtete. Viele Protestanten konnten in ein protestantisch gewordenes Fürstentum flüchten (Hugenotten), aber andere

Glaubensrichtungen wurden verfolgt. Das traf z. B. die Wiedertäufer oder Mennoniten und vor allem die Juden. Der Papst ordnete 1555 die Verbrennung von Juden in Ancona an, die nach ihrer Flucht aus Spanien dort zu ihrer angestammten Religion zurückgefunden hatten. Die Unternehmerin Donna Gracia Nasi versuchte mit ihren Verbindungen zum Sultan in Istanbul sogar einen Wirtschaftsboykott des Kirchenstaates zu erreichen, doch schlug er fehl.
Fast überall in Norditalien wurden Juden nun in Gettos abgedrängt, mit Ausnahme der Hafenstadt Livorno. Hier for-

Donna Gracia Mendes Nasi (1510–1569)

Sie entstammt einer converso-Familie aus Portugal. Ihr Mann hatte eine Bank in Antwerpen. Von dort zogen sie nach Venedig. Dort wurden sie an die Inquisition verraten. Die Behörden warfen sie für zwei Jahre ins Gefängnis. Durch Vorsprache bei den höchsten Stellen kam sie frei und erhielt ihre Güter zurück. Sie zog nun nach Ferrara und kehrte offiziell zum Judentum zurück. 1552 verlegte sie ihren Wohnsitz nach Istanbul. Von dort aus versuchte sie den osmanischen Sultan zu überzeugen einen Handelsboykott gegen den Kirchenstaat durchzusetzen. 1555 ließ der Papst 24 ↗Conversos in Ancona verbrennen, weil sie zum Judentum zurückkehren wollten. Der Boykott kam nicht zustande. Donna Gracia Nasi half aber weiter Conversos aus Portugal und spendete für Schulen und andere religiöse Institutionen.

derten nach 1550 die Großherzöge der Toskana Juden zur Ansiedlung auf. Die Hafenstadt sollte sich zu einem wichtigen Umschlagplatz für den Mittelmeerhandel entwickeln.
Ein Nachhall der unter der italienischen Renaissance unter den Juden begonnenen Entwicklung stellt das musikalische Werk ***Salamone de Rossis aus Mantua*** dar. Er trug zur Entstehung der modernen ***Harmonielehre*** bei, schuf aber auch Kompositionen für den ***Synagogengesang*** („Lieder des Schlomo"). Im venezianischen Getto konnte Weltoffenheit bewahrt werden, etwa wenn im Haus der jüdischen Dichterin Sara Copia Sullam Christen und Juden ein- und ausgingen. Sara Copia Sullam dichtete übrigens auf Italienisch und schuf damit die Voraussetzung zur Kommunikation zwischen Juden und Christen.

Im Königreich Polen-Litauen (1400–1750)

Polen war ein wichtiges ***Zufluchtsland für die Juden des Deutschen Reiches.*** Die Könige boten den jüdischen Handelsleuten gute Bedingungen an und erhofften sich eine Verbesserung der Wirtschaft und damit ihrer Einkünfte. Hier waren die Zünfte weniger dominant, und so konnte sich im Gegensatz zum Westen unter den Juden eine Handwerkstradition entwickeln. Viele Juden wirkten als Gutsverwalter für polnische katholische Adlige, die selbst nicht arbeiten wollten. Mit der Pacht war meist auch das Recht Branntwein zu erzeugen und auszuschenken verbunden. Die Bauern im Osten Polens waren christlich-orthodoxe Ukrainer, sodass die jüdischen Güterpächter bald zwischen Hammer und Amboss in einen frühen nationalen Konflikt gerieten.
In Polen-Litauen standen den Juden viele Städte offen, zu einer Zeit, als die Juden des Deutschen Reiches auf das Land abgedrängt wurden. Allerdings mussten sie in oder bei den Städten in speziellen ***„Judenvierteln"*** wohnen. In Krakau waren sie nur im Vorort Kazimierz zugelassen, verfügten dort aber über das Recht, keine Christen aufnehmen zu müssen, ein singulärer Fall in der europäisch-jüdischen Ge-

Das Innere der Krakauer Synagoge im Vorort Kazimirsz folgt der Struktur der Synagogen von Worms und Prag.

schichte. Im bäuerlichen Polen war der Anteil der Juden an der städtischen Bevölkerung bedeutend. Es gab sogar Orte mit jüdischer Bevölkerungsmehrheit. Bedeutende jüdische Gemeinden befanden sich in Posen, Kalisch, Krakau, Lemberg, Lublin, Luck, Brest-Litowsk und Wilna.
Zwischen 1500 und 1648 entstand in ***Polen*** eine neue Gelehrtentradition, die zur ***Ausbildung einer religiösen Unterart des aschkenasischen Ritus (↗Nussach Polin)*** führte. Berühmte Gelehrte zogen Studenten von weit her an ihre

Talmudhochschulen in Lublin oder Krakau und von hier ließen sich auch einige Rabbiner in die kleineren Gemeinden in Deutschland berufen. In Krakau wirkte ***Moses Isserles*** (1510–1572), der die Zusammenfassung der religiösen Vorschriften (↗Schulchan Aruch, gedeckter Tisch) durch einen sephardischen Gelehrten für die aschkenasischen Juden interpretierte („Mappa", Tischtuch). In Lublin lehrte ***Salomon Lurie*** (1510–1573), genannt „Maharschal".

Damals war ↗***Jiddisch*** die Umgangssprache der Juden, während die Gottesdienste in Hebräisch gehalten wurden. Die Schriften der Gelehrten waren Jiddisch, aber ***in hebräischer Schrift,*** da sie bei den Juden am meisten verbreitet war.

Für den Zusammenhalt unter den jüdischen Gemeinden Polens sorgte die ↗***„Vier-Länder-Synode"***. Der polnische König verfügte aus Steuergründen 1580 die Errichtung dieser Körperschaft, die nach vier Landschaften des Königreichs benannt wurde (Klein-, Großpolen, Rutenien, Litauen). Dieses Gremium, das sich mindestens zweimal im Jahr an großen Messen oft in Lublin traf, entwickelte sich zum Koordinationsinstrument der polnischen und der litauischen Juden. Viele innerjüdische Fragen wurden hier geklärt. Kurz vor den Teilungen Polens wurde dieses Organ aufgelöst (für den polnischen Teil 1764/für den litauischen 1765).

Die Juden in ***Ostpolen*** hatten ***1648*** unter ***schweren Ausschreitungen*** zu leiden. Auch wenn heute in der Forschung über den realen Umfang dieser Verfolgungen debattiert wird, Tatsache ist, dass nachher neue Gemeinden in Ostpolen aufgebaut wurden. Die wirtschaftliche Lage der polnischen Juden in dieser Zeit war meist drückend und die Verbindung von Geld und Geist in der Elite der Gemeindeführung war den Armen oft ein Dorn im Auge. Die jüdische Gemeinde zog drückende Abgaben ein, um die Gemeindeauslagen und die Schutzgelder bezahlen zu können (Schutzjude, Schutzgeld s. S. 39).

Nachman von Bratzlaw (1771–1810)
Nachman begründete keine Dynastie wie andere chassidische Lehrer. Er wollte die ursprüngliche Reinheit des ↗Chassidismus wiederherstellen und wandte sich gegen Missbräuche der charismatischen Zaddikim. Er schrieb viel auf Jiddisch und nicht Hebräisch, um in der breiten Bevölkerung zu wirken. Seine Schriften wurden unter dem Titel „Likuttei Moharan" gesammelt und ediert. Martin Buber hat sie 1907 ins Deutsche übersetzt. Auch heute gibt es Chassidim, die sich seinem Gedankengut widmen.

Die polnischen Teilungen 1772–1795

Ähnlich wie Deutschland ist auch Polen ein Land in der Mitte Europas. Seine Grenzen waren, sobald das Land eine schwache Regierung hatte, in Gefahr durch die Expansionsinteressen der Nachbarländer verschoben zu werden. Um 1700 war Schweden stark und beherrschte die Ostseeküste und der sächsische Kurfürst, August der Starke, trug die polnische Königskrone. In der Geschichte Polens kam es zu Verbindungen mit der Ukraine, zu Abmachungen mit Österreich und zu einer jahrhundertelangen Verbindung mit Litauen. Polen hatte keine dauerhaft starke Zentralgewalt, wie etwa Frankreich, sondern mächtige adlige Fürsten.
Gleichzeitig schielten die europäischen Großmächte Russland, Österreich und Preußen auf eine Erweiterung ihrer Territorien auf Kosten Polens. 1772 nutzten Preußen, Österreich und Russland einen Bürgerkrieg in Polen, um einzuschreiten, und eroberten ein Viertel des polnischen Gebietes. In der zweiten polnischen Teilung, 1793, wiesen Russland und Preußen sich nochmals große Teile des Landes zu, und in der dritten Teilung 1795 teilten Russland und Österreich Polen komplett auf. Preußen bekam auch einen Teil ab und erklärte sich einverstanden.

Unter Napoleon entstand ein Großherzogtum Warschau, beim Wiener Kongress 1815 ein sehr kleines russisch verwaltetes Königreich Polen, das in den beiden Weltkriegen im 20. Jh. wiederum bedroht wurde.
Russland, Österreich und Preußen, die Gewinner der polnischen Teilungen, bekamen Gebiete mit bedeutender jüdischer Bevölkerung. Die Juden in Ostpolen gehörten nun zu Russland. Die neue russische Regierung trieb zwar neue Abgaben ein und legte einen Ansiedlungsbereich für Juden im Westen fest, doch beließ sie den Juden ihre Autonomie.

Israel ben Elieser Baal Schem Tow („Bescht", 1700–1760)

Der Begründer des ↗Chassidismus wuchs in Podolien, einer ukrainischen Landschaft östlich von Lemberg (Lviv), auf. Lange Jahre lebte er zurückgezogen und unbekannt. Er heiratete die Tochter eines Rabbiners, der sich seines Schwiegersohnes schämte, da er ihn für unwissend hielt. Mit 36 Jahren trat er an die Öffentlichkeit und wanderte zu verschiedenen jüdischen Gemeinden. Er scharte einen wichtigen Schülerkreis um sich, der die chassidische Botschaft von der Inbrunst und Konzentration beim Gebet (Dwekut) und der Wichtigkeit der persönlichen Hingabe an die Religion betonte. Seine Lehren gab er nur mündlich wieder. Er bevorzugte die spanisch-jüdische mystische Variante der Liturgie und führte diese für seine Anhänger ein. Um sein Leben rankten sich viele Legenden. Einige Motive sind früheren Erzählmustern entnommen.
Der Chassidismus wurde zwischen 1750 und 1870 zur wichtigsten Strömung unter den polnischen Juden, kaum hingegen unter den litauischen. Von 1908 wurde er im deutschsprachigen Raum durch die Übersetzungen seiner Geschichten durch Martin Buber und seine Frau Paula weiteren Kreisen bekannt.

Der Chassidismus und seine Gegner

Vor dem Hintergrund der sozialen und wirtschaftlichen Not suchten viele Juden in Polen Halt und Trost in einer neuen ***mystisch-meditativen Glaubenspraxis,*** dem ↗Chassidismus, der sich in Polen zwischen 1730 und 1770 stark ausbreitete und eine Herausforderung für die traditionellen Gemeinden bildete. Das chassidische Frömmigkeitsideal war und ist das ***ekstatische Erleben,*** das gemeinsame Singen von Melodien und das Zusammensein mit dem charismatischen „Rebben", weniger das traditionelle „Lernen", d. h. das Studium der religiösen Schriften. Fast hätten sich die Chassidim im 18. Jh. überhaupt vom rabbinischen Judentum abgewendet. Sie entwickelten eine für Polen neue mystische Form der Liturgie, deren Grundlage bei den spanischen Juden des 16. Jahrhunderts zu finden ist. Dies sorgte zusätzlich für interne Konflikte.

Die Chassidim („Frommen") legten besonderen Wert auf die Beachtung der ***Schlachtvorschriften*** und setzten sich damit von den Gemeindeinstitutionen ab. Da sich die jüdischen Gemeinden aber häufig zu einem erheblichen Teil über Schlachtabgaben finanzierten, bedeutete dies zugleich einen Angriff auf die alte Elite. Die Verhältnisse spitzten sich zu. Besonders in Polnisch-Litauen konnte der Chassidismus nie so recht Fuß fassen. Der bedeutende Gelehrte Elija (1720–1797) aus Wilna (Vilnius) erließ 1778 einen Bann gegen die Chassidim. Sie setzten sich aber in Zentralpolen trotzdem durch und wurden bis in die 1870er Jahre zur bestimmenden Kraft in dieser Region.

Der Chassidismus spaltete sich nach 1750 rasch in verschiedene ***Unterströmungen*** auf, die ***von Rabbinerdynastien beherrscht*** wurden und sich gegenseitig befehdeten (in Polen: Dynastien des Gerer, Belzer, Ruschiner, Kozker Rebben, die Halberstam-Dynastie von Zanz, in Ungarn: Satmarer und Vishnitzer Chasidim).

Eine Kombination von „Lernen" und mystischer Frömmigkeit stellte der Lubawitscher Chassidismus (Chabad) dar, die ▶ S. 34

Saloniki

> **Im 16. Jh. errichteten sephardische Juden die erste Druckerei im südosteuropäischen Raum.**

Die ersten Berichte über eine jüdische Gemeinde in Theassaloniki finden sich in der Bibel. Im 17. Kapitel der Apostelgeschichte wird beschrieben, wie der Apostel Paulus auf seiner zweiten Missionsreise im Jahr 50 n. Chr. in Theassaloniki von der jüdischen Gemeinde empfangen wird. Weitere Quellen sind erst aus viel späterer Zeit erhalten: Für 1376 wird die Ankunft von aschkenasischen Juden notiert. Zwischen 1490 und 1520 wanderten etwa 15 000 Inquisitionsflüchtlinge aus Spanien, Portugal und Süditalien zu. Sie brachten u. a. ihre Sprache, das Ladino, mit. Gelehrte widmeten sich der Mystik und der Talmudforschung. 1520 wurde die erste Talmudhochschule gegründet.

> **Im 17. Jh. hatte Saloniki 32 Synagogen, deren Gemeindeglieder je nach Herkunft etwa sieben verschiedene Sprachen beherrschten.**

Vom 14. Jh. bis Anfang des 20. Jh. gehörte Saloniki zum Osmanischen Reich. Über all die Jahrhunderte existierten in etwa gleich bedeutende muslimische, jüdische und christlich-orthodoxe Stadtviertel nebeneinander, jedes mit seiner eigenen politischen wie religiösen Gemeinde, d. h. auch Schulwesen, soziale Einrichtungen usw.
Mit dem Anschluss an Griechenland im Jahr 1912 hatte die Hafenstadt das für den Handel so wichtige Hinterland verloren. Der Brand 1917 machte 53 000 Juden obdachlos und stürzte die Stadt und die jüdische Bevölkerung in eine verheerende Krise der Armut.
Der größte Schlag für das jüdische Leben war jedoch

Auf den beiden Postkarten aus der Zeit um 1900 sind Juden in traditioneller Tracht zu sehen. Jüdische Tuchhändler, Gepäckträger, Kaufleute und Händler prägten das Straßenbild.
Ende des 19. Jahrhunderts wurden unter den 70 000 Juden 4000 Kaufleute, 4000 Händler, 2000 Gepäckträger, 2000 Kellner, aber 8000 Angestellte und 8000 Arbeiter gezählt. Die Zahlen der Handwerker, Fischer, Kutscher und Fährleute beliefen sich in Hundertergrößen, erstaunlich gering war der Anteil der Akademiker.

die konsequente und völlige Vernichtung fast aller Juden unter der deutschen Militärbesetzung 1941 bis 1944. 50 000 Juden, etwa ein Viertel der Stadtbevölkerung, wurden waggonweise nach Birkenau und Auschwitz abtransportiert und ermordet. Etwas weniger als 2000 Juden überlebten und bauten nach dem Zweiten Weltkrieg in kleinen Schritten die Gemeinde auf, die heute 1200 Seelen hat.

Israel ben Seew Lipkin Salanter (1810–1883)
Salanter wuchs in Litauen auf und wandelte die litauisch-jüdische Gelehrsamkeit um. Wegen seines Prestiges wollte ihn die russische Regierung zum Leiter eines staatlich gelenkten Rabbinerseminars machen. Dies lehnte Salanter ab, da er sich zu wenig frei fühlte. Er wirkte vor allem von Kowno aus, unternahm aber auch Reisen in den Westen bis nach Berlin, Frankfurt und Paris. Er vertrat eine gemäßigte Askese und führte in seinem Bethaus auch den Brauch der Besinnungsabende ein. Salanter verstarb im preußischen Königsberg.

einzige Gruppe, die in Litauen Erfolg hatte. Diese ist heute von den USA aus besonders in der innerjüdischen Mission recht aktiv.

In Litauen, wo die Juden immer schon das intellektuelle Studium der klassischen Schriften hochhielten, war die ↗Mussar-Bewegung von Kowno (Jeschiwa von Slobodka) aus verbreitet, die Wert auf Selbstbesinnung und ethische Fragen legte. Die Abwehr der innerjüdischen Aufklärung hatte hier eine Reform der Talmudhochschulen bewirkt, wie an der Organisation der 1803 gegründeten Vishnitzer-Jeschiwa zu sehen ist. Erst im Konflikt mit dem Zionismus (s. S. 65 f.) begann die litauische Gelehrtenschule mit den polnischen Chassidim zusammenzuarbeiten (1912).

Meinungsverschiedenheiten zwischen Aufklärern und Traditionalisten entstanden unter den Juden Polens im 18. Jh. auch zum Thema ***Frauenemanzipation.*** Es war nämlich durchaus üblich, dass einzelne besonders begabte Männer sich nur religiösen Studien widmeten, die Frauen hingegen die ganze Last des Haushalts, des Erwerbslebens und der Kindererziehung zu tragen hatten. Dieses Verhalten wurde von den jüdischen Aufklärern scharf kritisiert. Der Stand der Mädchenbildung zu dieser Zeit war meist sehr niedrig. Oft verstanden sie die hebräischen Gebete nicht. Einen gewissen

Ersatz bildeten die „Techines", die auf ↗Jiddisch verfassten Bittgebete, die eine spezielle Form der traditionellen jüdischen Frauenliteratur darstellten. Sie ist allerdings zu einem erheblichen Teil ebenfalls von Männern verfasst worden, wie neuere Forschungen ergaben.

Neue jüdische Zentren in Europa

Infolge der massiven Judenverfolgungen durch die Inquisition in Spanien (s. S. 16) zerstreuten sich die sephardischen Juden oder bereits konvertierte Christen jüdischer Abstammung, die dennoch verfolgt wurden, in die verschiedensten Gegenden Europas: In die aufstrebende Hafenstadt ***Amsterdam*** zogen nach 1593 Nachkommen zwangsgetaufter Juden, die hier zum Judentum zurückkehren und dies ungestört

Manasse ben Israel
Geb. in Middelburg/Niederlande 1604. Er wurde 1622 Rabbiner der jungen jüdischen Gemeinde Newe Schalom (Hebr. „Friedensoase") in Amsterdam, eröffnete 1627 seine eigene Druckerei. 1650–55 verhandelte er mit englischen Politikern, unter anderen mit Oliver Cromwell, und versuchte die Erlaubnis der Ansiedlung für Juden in England zu erreichen. Einerseits benutzte er religiöse, andererseits auch wirtschaftliche Argumente. Cromwell schien seine Bitte erhört zu haben; denn danach waren jüdische Siedler wieder zugelassen. Manasse ben Israel verfasste eine Verteidigungsschrift des Judentums, die hundert Jahre später ins Deutsche übersetzt und mit einem Geleitwort von Moses Mendelssohn versehen wurde. Ben Israel war auch Mystiker und verfasste Werke zur biblischen Literatur.
Ein später Nachkomme ist der Wiener Schriftsteller Robert Menasse, der ein Buch zur Biografie seines Vorfahren geschrieben hat.

praktizieren durften. Die Einweihung der prachtvollen Synagoge 1675 zeugte vom Wohlstand und die öffentliche Art dieser Feier von der Integration der Amsterdamer Juden in der Stadt. Die jüdischen Kaufleute betrieben Überseehandel und sahen sich als Teil des Bürgertums an. Dasselbe galt für die Geschäftsleute der „nation portugaise“ in Südwestfrankreich, vor allem in ***Bordeaux,*** die als Christen gekommen waren, nach 1711 aber öffentlich zum Judentum zurückkehrten.
Vertriebene aus Spanien richteten auch in ***Venedig*** eine eigene schöne neue Synagoge ein (scuola spagnola), wie auch ihre Landsleute in ***Saloniki*** noch bis zu Beginn des 20. Jahrhunderts die innerspanischen Unterschiede in der Liturgie pflegten. Hier – heute Thessaloniki – hatten sie bis 1912 eine wichtige Stellung im Handel, der am Samstag, dem Schabbat, allgemein ruhte. Die jüdischen Einwohner sprachen bis zu Beginn des 20. Jahrhunderts „Ladino“, das spätmittelalterliche Spanisch, durchsetzt mit hebräischen Ausdrücken. Durch die Ansiedlungspolitik der osmanischen Sultane kamen sephardische Juden auch auf das Gebiet des heutigen Serbien, Bosnien (Sarajevo), Bulgarien und südlichen Rumänien.
In ***Hamburg*** (1600) und ***London*** (1656) bildeten die sephardischen Juden den Kern der neuzeitlichen jüdischen Ansiedlung. Bald kamen viele Aschkenasim hinzu, die die Sepharden an Zahl übertrafen. Die Hansestadt war für die jüdische Zuwanderung recht offen, was dazu führte, dass sie zusammen mit Altona und Wandsbek um 1800 mit 7000 Mitgliedern die größte städtische jüdische Gemeinschaft in Deutschland war.

Reformation und Aufklärung 1500–1750

Joselmann von Rosheim (um 1480–1554)
Geb. im Elsass, tätig im Geldgeschäft, setzte er sich für verfolgte Juden bei den deutschen Kaisern ein. 1510 wurde er für sein Wirken zum Vorsteher der Elsässer Juden gewählt, aber auch aus dem ganzen Deutschen Reich um Beistand gebeten. Er verhandelte mit Anführern des Bauernkriegs (1525) und verteidigte das Judentum am Reichstag zu Augsburg (1530) gegen Anwürfe des Apostaten Antonius Margaritha. Er reagierte auf judenfeindliche Äußerungen des Reformators Martin Bucer. Besonders gute Beziehungen unterhielt er zu Kaiser Karl V. Dieser stellte ihm eine Verurteilung der Ritualmordunterstellung zu.
In dieser zeitgenössichen Karikatur wird Josel mit dem „Judenzeichen“ (gelber Kreis) und dem Geldsack abgebildet. Dadurch wird das Wucher-Vorurteil angedeutet. Die pseudohebräische Schrift soll den exotisierenden Eindruck verstärken.

Schutzjuden, Hofjuden, Landjuden unter der Fürstenherrlichkeit

In Deutschland hatte sich das Klima für die Juden durch die Reformation nicht verbessert. Zuerst meinten einige Juden, Martin Luther sei der Anführer einer Bewegung, die das Christentum zu seinen jüdischen Wurzeln zurückführte, doch bald sahen sie sich bitter getäuscht. ***Martin Luther*** erließ 1543 ***Schmähschriften*** gegen sie und verlangte die Vertreibung der Rabbiner und die Zerstörung der Synagogen. Die meisten Fürsten des Reiches nahmen diese Ausfälle aber nicht ernst.

Jüdische Hoflieferanten, auch ↗***Hofjuden*** genannt, wollten sich in Deutschland meist in der Nähe ihres Auftraggebers niederlassen. Oft bildeten ihre Familie und Bedienstete die Kernzelle einer neuen jüdischen Gemeinde seit den Vertreibungen des Spätmittelalters. Allerdings hielt sich die Zuwanderung in engen Grenzen.

Daniel Itzig war der Vorsteher der preußischen Juden in der zweiten Hälfte des 18. jahrhunderts. Pastell auf Leinwand, Gemälde von 1787

Miriam Itzig, geb. Wulff Pastell auf Bütten, Gemälde von 1787

Die absolutistischen Fürsten nutzten gerne die Dienste der jüdischen Hoflieferanten, da diese keine Sympathisanten im einflussreichen Dritten Stand aus christlichen bürgerlichen Familien hatten. Die Herrscher wollten sich neue Einkommensquellen verschaffen, die keine Bewilligung der Stände brauchten. Ebendieses Bürgertum übte im Falle des Herzogtums Württemberg Rache an Joseph Oppenheimer, als sein Beschützer unerwartet verstarb. Er wurde 1738 nach einem Schauprozess in Stuttgart hingerichtet. (Jud Süß)

Die Landesjudenschaften. Die Fürsten sahen in den Juden nicht zufällig anwesende Fremde, sondern fassten sie in Landesjudenschaften zusammen. In einigen Gebieten mussten sich alle drei Jahre sämtliche Haushaltsvorstände treffen, um die Abgaben untereinander aufzuteilen. Meist wurde auch ein Landesrabbiner bestimmt, dessen Wahl durch den christlichen Fürsten bestätigt werden musste. An einzelnen Orten waren Fürsten zugunsten des Aufbaus einer neuen Residenz offen für jüdische Unternehmer, etwa der Kurfürst von der Pfalz in Mannheim oder der Markgraf von Baden für Karlsruhe. Trotzdem blieb aber das ländliche Judentum bis in die 1880er Jahre die wichtigere Erscheinung.

Die einfachen Landjuden. Auch auf dem Lande entstanden im 17. und 18. Jahrhundert neue Gemeinden, bestehende nahmen erheblich an Bevölkerungszahl zu. Die meisten Landjuden waren Hausierer, Makler, Wein-, Getreide- Hopfen-, Tabak-, Häute-, Rindvieh- und Pferdehändler. Sie führten ein entbehrungsreiches Leben.
Bis um 1800 erhielten sie einen ***Schutzbrief***, einen Vertrag, der die Dauer und Bedingungen für ihre befristete Niederlassung enthielt. Sie erhielten Rechtsschutz, Schutz für ihre Religion, die Handelserlaubnis und das Recht die gemeinsame Weide, Brunnen und Holz zu benutzen. Dafür mussten sie jährlich ein ***Schutzgeld*** und andere Abgaben an den Schutzherrn und die Ortsbehörden zahlen.
Einige blieben Ortsarme, andere verloren den Schutz, wenn

Viehhändler in Mecklenburg. Der Landadel war nicht durch die Zünfte beherrscht. So hatten Juden hier eine wirtschaftliche Nische. Künstler: Achilles, 1853

sie das Geld nicht bezahlen konnten, und wurden zu „Betteljuden“. Wieder andere sanken in die Kleinkriminalität ab und organisierten sich in Gaunerbanden. Diese boten für Judenfeinde Anlass, ihre Häme gegen das Judentum zum Ausdruck zu bringen.
Die Landjuden vernahmen selten von den neuen Bestrebungen unter den städtischen Juden Berlins, die sich mit dem Gedankengut der Aufklärung beschäftigten (1750–1880 ff.).

Moses Mendelssohn und seine Schüler

Moses, der Sohn des Tora-Rollenschreibers Mendel aus Dessau, wollte 1743 in Berlin studieren. Sein Rabbiner David Fränkel war ihm in die Hauptstadt vorausgegangen. Moses Mendelssohn (1729–1786), war ein fleißiger Student und erwarb sich selbst die Allgemeinbildung, lernte Latein, Griechisch und mehrere moderne Sprachen. Die jüdische Gemeinde war von wohlhabenden jüdischen Familien aus

Wien im Jahr 1671 gegründet worden, als die preußischen Kurfürsten Zuwanderer aller Art in ihr Land holten, um die staatliche Wirtschaft zu entwickeln, und nach Hugenotten und Schweizern waren auch jüdische Unternehmer willkommen. Seinen Lebensunterhalt verdiente Mendelssohn bei einem Seidenkaufmann zunächst ***als Hauslehrer,*** dann als Teilhaber. Seine philosophischen Abhandlungen erregten die Aufmerksamkeit seiner christlichen und jüdischen Zeitgenossen. Eine lebenslange ***Freundschaft*** verband ihn ***mit*** Gotthold Ephraim ***Lessing,*** dem Schriftsteller und Literaturkritiker, der sich, wie Mendelssohn selbst für die Toleranz gegenüber anderen Religionen und Sitten einsetzte.
Das Verdienst Mendelssohns ist es, jüdische und christliche Denker miteinander ins Gespräch gebracht zu haben und jüdisches Gedankengut sowohl auf Deutsch wie auch auf Hebräisch zu formulieren. So baute er für die orthodoxen Juden eine Brücke zur europäischen Aufklärung und für die christlichen und deutschsprachigen Philosophen und Literaten eine Brücke zum Judentum und gilt somit für beide Gruppen als Vertreter der Aufklärung. Sein politisches ***Ziel*** war die ***Gleichberechtigung der Juden in Europa unter Beibehaltung ihrer religiösen Traditionen,*** beispielsweise die Einhaltung der religiösen Lebenspraxis, was später im Zuge der Assimilation und Reformbewegung in Westeuropa nicht mehr selbstverständlich war.
Um Mendelssohn bildete sich eine Gruppe von Studenten und Gelehrten aus ganz Europa. Aus dem Elsass, aus Dänemark und Polen stammten sie und formulierten eine Antwort auf das Gedankengut der Aufklärung. Sie wollten die hebräische Sprache wieder beleben und verbessern und gaben eine Zeitschrift Ha-Meassef („Der Sammler“) heraus, die von 1783 bis 1811 erschien.

Der Weg zu Emanzipation und Modernisierung

Der Vertreter der aschkenasischen Juden Frankreichs, Cerf Beer aus Straßburg, wandte sich 1779 an Mendelssohn und bat ihn um die Abfassung einer Denkschrift für den französischen König zur Verbesserung der Rechtslage seiner Glaubensgenossen. Mendelssohn gab dieses Ansuchen an einen preußischen Beamten weiter. Christian Wilhelm Dohm verfasste darauf 1781 seine grundlegende Schrift „Über die bürgerliche Verbesserung der Juden". Sie wurde sofort übersetzt und erregte in Frankreich großes Aufsehen. Sollte man den Juden die Gleichberechtigung erteilen, um sie zu „bessern", d. h. vom Kleinhandel wegzuführen?
Hier spitzte sich mit dem Ausbruch der ***Revolution*** 1789 die Diskussion über ↗Emanzipation und Rechtslage der Juden zu, und nach vier erfolglosen Anläufen erhielten die französischen Juden im September 1791 die ***Gleichberechtigung ohne Vorbedingung.***
In ***Deutschland*** dauerte es achtzig Jahre länger, bis 1871. Mit den Niederlagen gegen Napoleon begannen viele Fürsten ihre Staaten zu reformieren und erließen auch Gesetze und Dekrete zur Rechtslage der Juden, die gewisse Verbesserungen enthielten. Kern-Preußen ging 1812 im städtischen Bereich recht weit, ***Baden*** stellte den Juden 1809 zumindest theoretisch die Gleichstellung in Aussicht und schuf einen jüdischen Dachverband. ***Bayern*** beschränkte 1813 ihre Zahl pro Ort. Allen gemeinsam war ein Druck auf die Juden ihren Handelsberuf zu verlassen und „produktiv" zu werden, was ihrer Auffassung nach bedeutete Bauern oder Handwerker zu werden. Dies war von Anfang ein aussichtsloses Unter-

fangen. Die armen Landjuden Süddeutschlands hatten nicht das Kapital, um Ländereien zu kaufen, und der Handwerkerstand befand sich je länger je mehr in einer wirtschaftlichen Krise, die die Industrialisierung und die Fabrikanfertigung verursachte. Die Preise der landwirtschaftlichen Produkte fielen durch billige Importe aus Osteuropa. Der Bauernstand machte deswegen einen Schrumpfungsprozess durch.
Die Verbreitung revolutionären Gedankengutes aus Frankreich machte auch unter den Juden in Deutschland nicht Halt. Die Gemeindevorsteher blieben nicht untätig und verfassten nach 1815 Eingaben an die Parlamente und Regierungen, die fast alle abgelehnt wurden. Nur das ***Provinzparlament*** des ***Rheinlands*** und ***die zweite Kammer des badischen Landtags*** waren 1843, respektive 1846 für die Gleichstellung der Juden. In beiden Fällen lehnten die Regierungen sie ab. Das Parlament hatte zu dieser Zeit noch keine entscheidende, sondern beratende Funktion, es sei denn, es ging um Haushaltsfragen (Budgetrecht).
Die revolutionäre Bewegung in Deutschland im Jahr 1848 aber schloss sich nach längeren Diskussionen und einer flammenden Rede des jüdischen Liberalen Gabriel Riesser (1806–1863) in der ↗***Paulskirchen-Versammlung im August 1848*** dem Anliegen der Emanzipation an. Einige Staaten führten nun die Gleichberechtigung ein, um sie nach 1849 ganz oder teilweise wieder aufzuheben. Einzelne Kleinstaaten blieben allerdings dabei.
Die ***Niederlande*** hatten sich schon 1796 dem Vorbild Frankreichs angeschlossen, auch das 1833 neu entstandene ***Belgien*** vollzog diesen Schritt der Gleichberechtigung. Luxemburg stand unter der emanzipatorischen niederländischen Verfassung. 1830 verfügte das junge ***Griechenland*** die Gleichstellung der Juden. 1848 konnte der ***sardinisch-piemontesische König*** von diesem Anliegen überzeugt werden und auch in ***Dänemark*** wurde 1849 die Gleichstellung erklärt. In ***England*** blieb als Diskriminierung nach 1835 nur noch die spezifisch christliche Eidesformel des Oberhauses übrig (verändert 1859). ***Amerika*** hatte seit seiner Unabhän-

gigkeit im Jahr 1776 nie Einschränkungen für Juden auf Bundesebene aufgewiesen, allerdings war die Zahl der Juden dort bis 1840 unbedeutend. Lutherisch geprägte Länder wie ***Schweden*** und ***Norwegen*** brauchten lange, um die Gleichberechtigung ihrer kleinen jüdischen Gemeinschaften zu beschließen (1870, 1891).

Nach 1858 kam es in einigen Staaten schließlich zum Durchbruch. ***Hamburg*** (1859) begann die Reihe, ***Baden*** (1862/72), ***Württemberg*** (1864), ***Österreich-Ungarn*** (1867) und Bayern (1867) folgten, 1869 der Norddeutsche Bund unter preußischer Führung, 1871 wurde die Emanzipation durch den konservativen Kanzler Bismarck zum Teil der neuen Verfassung erklärt.

In Osteuropa machte dieses Anliegen keine Fortschritte. ***Russland*** verfügte zwischen 1827 und 1855 die Zwangsrekrutierung junger Juden und einen 25-jährigen Militärdienst. Die russische Armee nahm keine Rücksicht auf die jüdisch-religiöse Lebensweise und übte massiven Druck auf die jüdischen Rekruten aus, zum orthodoxen Christentum überzutreten. Viele flohen und versteckten sich.

Großkaufleute wurden von den russischen Behörden bevorzugt und durften sich in Juden sonst verschlossenen Städten wie Warschau, St. Petersburg und Moskau ansiedeln. Vom Lande wurden sie vertrieben und der Zar machte in den 1820er Jahren Experimente mit der Ansiedlung von Juden auf dem Lande in Südrussland.

Vorbehalte gegen das Lehrfach Judaistik in Deutschland

Obwohl in der aufgeklärten Gesellschaft der Gedanke der religiösen Toleranz formuliert und verbreitet wurde, herrschten massive Vorurteile gegen Juden und Judentum. Während sich im Humanismus christliche Gelehrte für die hebräische Sprache und die jüdische Mystik interessiert hatten, verschwand dieses Interesse bald durch den neuen Antikenkult in der zweiten Hälfte des 18. Jahrhunderts, der „edle Einfalt und stille Größe" nur in der griechischen und römischen Klassik sah. Typisch war, dass im Gymnasium ***Hebräisch*** bloß als Vorbereitung ***zur Pastorenausbildung*** galt, während alle, die etwas auf sich hielten, Altgriechisch und Latein lernten. Die 1800 Jahre jüdischer Geschichte nach Jesus galten den christlichen Theologen als irrelevant. Teilweise benutzte man rabbinische Schriften sogar, um daraus eine Verurteilung des Judentums zu konstruieren, wie dies der an der Universität Heidelberg lehrende Johann Andreas Eisenmenger um 1700 noch getan hatte („Entdecktes Judentum").

Diese Haltung veränderte sich, als eine an Gymnasien und Universitäten ausgebildete neue jüdische Gelehrtengeneration sich nach 1819 zum Ziel setzte, das Judentum wissenschaftlich zu erforschen und der christlichen Öffentlichkeit auf Deutsch darzustellen. Die ***wissenschaftliche Erforschung*** sollte den Reform- und Emanzipationsbestrebungen einerseits theoretisches Wissen mitgeben, andererseits sollte die christliche Umwelt das Judentum kennen und schätzen lernen. Leopold Zunz (1794–1886) hatte sich 1848 als Erster um die Errichtung eines Lehrstuhls für jüdische Geschichte und Literatur an der jungen modernen Berliner Universität bemüht. Er hatte selbst dort studiert und die synagogale Literatur erforscht, jüdische, hebräische Handschriften auf Deutsch ediert und mit historisch-kritischen Anmerkungen versehen. Als er den preußischen Bildungsminister 1848 um die Einrichtung eines Lehrstuhls für jüdische Geschichte und Literatur bat, holte dieser Gutachten ein und beschied Zunz schließlich abschlägig mit der Begründung, ein solcher Lehrstuhl fördere bloß den „jüdischen Separatismus". Es dauerte noch fast 120 Jahre (1963), bis an einer Berliner Universität ein von der evangelischen Theologie unabhängiges Seminar für Judaistik eingerichtet wurde.

Zunz war schwer enttäuscht und konnte sich mit den späteren Rabbinerseminaren nicht anfreunden, so modern sie auch aufgebaut waren. Er wollte Wissenschaft frei, ohne Verbindung zur jüdischen Theologie entwickeln und die Wissenschaft des Judentums in die deutsche Universität integrieren.

Leopold Zunz (1794–1886)

Er wurde 1794 in Detmold geboren und verlor bald seinen Vater. Er kam an die Samson-Schule nach Wolfenbüttel und besuchte das dortige Gymnasium. 1815 studierte er in Berlin und erlangte 1821 in Halle seine Promotion. Mit anderen gründete er in Berlin den „Verein für Kultur und Wissenschaft der Juden“ 1819, dem auch Heinrich Heine angehörte. Zuerst wirkte er an einer privaten Betgemeinschaft in Berlin mit, die der Reformbewegung nahe stand, doch gingen ihm diese Bestrebungen bald zu weit. Er schrieb eine Biographie Raschis und spezialisierte sich auf Untersuchungen der synagogalen Liturgie, besonders des „Pijut“, sprachlich schwieriger mittelalterliche Gedichte, und auf die unterschiedlichen historisch gewachsenen jüdischen Riten. Er war ein Verfechter der Gleichstellung der Juden und verfasste zeitgebundene Forschungen, so etwa, als die reaktionäre preußische Regierung den Juden verbieten wollte deutsche Vornamen für ihre Kinder zu wählen. Zunz wies nach, dass schon im Mittelalter Juden deutsche Vornamen getragen hatten. Er war ein Demokrat, Anhänger der 1848er Revolution und ließ sich sogar als Kandidat bei einer Wählerversammlung aufstellen. Zeitweise diente er als Redaktor einer Zeitung, dann wieder am privaten jüdischen Lehrerseminar Berlin (1840–1850). Da er nie an der Berliner Universität Fuß fassen konnte und so keine feste Anstellung als Wissenschaftler hatte, gründeten

1864 private Sponsoren eine Zunz-Stiftung, die ihm ein angenehmeres Alter ermöglichten. Bis in sein hohes Alter blieb er seinem Ideal der freien wissenschaftlichen Forschung ohne Rücksicht auf theologische Interessen treu.

Frankreich war in dieser Beziehung toleranter. Jüdische Gelehrte wie Salomon Munk und Joseph Derenbourg fanden staatliche Stellungen. Hier wurde 1882 die Société des Études Juives gegründet, die ein Jahrbuch herausgab. Dies sollte ein Konkurrenzorgan zur berühmten „Monatsschrift für Geschichte und Wissenschaft des Judentums“ werden, die von 1851 an in Breslau herauskam (Verbot 1938). Zu Italien bestanden gute Kontakte: Einzelne Gelehrte standen in Verbindung mit Vertretern der Wissenschaft des Judentums in Italien. In England entstand eine englisch-jüdische historische Gesellschaft. In Osteuropa unterstützte die Familie Günzburg Gelehrte und wissenschaftliche Bestrebungen. Allerdings wurde erst 1925 in Berlin das „Jiddische Wissenschaftliche Institut“ (jidd. abgekürzt YIVO) gegründet, das eine systematische Erforschung der Geschichte und Kultur der osteuropäischen Juden zum Ziel hatte. Die Filiale in New York überlebte, während die Hauptsitze in Wilna und Berlin dem Krieg zum Opfer fielen und dadurch viele Dokumente verloren gingen.

Wir dichten deutsch: Heinrich Heine

Zu der um 1800 kleinen Gruppe der in einer Stadt aufgewachsenen Juden gehörte der Kaufleutesohn Heinrich Heine (1797–1856) in Düsseldorf. Er ging in der napoleonischen Zeit zur Schule, als die linksrheinischen, jetzt zu Frankreich gehörenden, Juden die volle Gleichberechtigung genossen. Mit siebzehn Jahren (1814) musste er erleben, wie diese Gleichberechtigung zurückgenommen wurde. Preußen zog sich sogar noch hinter sein relativ liberales Dekret

Heinrich Heine war einer der bedeutendsten deutschen Dichter des 19. Jahrhunders und starb 1856 im politischen Exil in Paris. Lithographie von Franz Theodor Kugler von 1929 mit der Aufschrift: So sah ich aus heute Morgen, den 6ten April 1829 H. Heine

des Jahres 1812 (s. S. 42) zurück. Daraufhin wurde Heine in dem Verein für Kultur und Wissenschaft der Juden (1819–23), dem auch Leopold Zunz angehörte, aktiv. Bald danach nahm er in der Hoffnung auf eine Karriere im Staatsdienst die christliche Taufe an. Als Demokrat eckte er bei den konservativen Regierungen an und ging 1831 nach Frankreich, aus dem er bissige Kommentare zur politischen Lage und zu Äußerungen von Dichterkollegen in Deutschland machte („Die romantische Schule", 2. Aufl. 1836). Zeitweise war er Atheist, doch nach einer schweren Erkrankung

besann er sich auf seine jüdischen Wurzeln und beschäftigte sich mit Büchern über das Judentum. Zunz besuchte ihn in Paris und Heine verdankte ihm einige Anregungen. Er schrieb über die mittelalterliche Ritualmordunterstellung gegen Juden in einem Fragment mit dem Titel „Der Rabbi zu Bacherach“ oder in Gedichten über die mittelalterliche Judenfeindschaft in Spanien.
Heine kritisierte das Christentum und die Kirche und machte sich dadurch bei vielen Nichtjuden unbeliebt. Bis in die 60er Jahre blieb er eine umstrittene Figur. Seine Gedichte (1827 „Buch der Lieder“), aber auch seine Feuilletons, überdauerten die Anwürfe und bilden heute ein Stück Weltliteratur. Als europäischer Dichter versuchte er zwischen Frankreich und Deutschland zu vermitteln.
Heine war gegenüber den zeitgenössischen Bestrebungen der Juden ebenfalls kritisch und formulierte 1843 in seinem „Wintermärchen“ ironisch, dass ihm die „Neuen“ und „Alten“ Juden Hamburgs gleich lieb seien. Dort, wo sein Onkel Salomon Heine wohnte, hatte sich 1817 ein „Tempelverein“ gebildet, der Neuerungen im jüdischen Gottesdienst, etwa deutsche Predigten, Gebete und Choräle, eingeführt hatte und deswegen unter Juden höchst umstritten war.

Die Debatte um einen modernen jüdischen Gottesdienst

In den 1830er und 1840er Jahren machten sich viele jüdische Gelehrte Gedanken über eine Modernisierung des jüdischen Gottesdienstes. Vielen von ihnen war er zu lang und unverständlich. Liturgische Gedichte aus dem Mittelalter verstand fast niemand mehr. Einige Bräuche erschienen ihnen nicht mehr zeitgemäß, etwa die Zeremonien bei einer Scheidung oder beim Verzicht auf die biblisch vorgeschriebene Schwagerehe. Die Neuerungen orientierten sich am protestantischen Gottesdienst und am Gedankengut der Aufklärung: Begleitung des Gemeindegesangs durch eine Orgel oder ein Harmonium. Die Predigt wurde wichtiger Bestandteil des

Drei Lebenswege, die sich trennten

Samson Raphael Hirsch (1808–1888), Heinrich Graetz (1817–1891) und Abraham Geiger (1810–1874) stehen für die moderne orthodoxe, die konservative und die liberal-religiöse Strömung im deutschsprachigen Judentum. Der junge Heinrich Graetz ging zu Hirsch nach Oldenburg, wo dieser seit 1830 als junger Rabbiner hin berufen worden war, und studierte mit ihm zusammen religiöse Quellen. Hirsch hatte zu seiner Studienzeit 1829 Abraham Geiger an der Universität in Bonn kennen gelernt. Ende der 1830er Jahre sollten sich allmählich die drei modernen religiösen jüdischen Strömungen ausdifferenzieren, und so gingen die Lebenswege der drei radikal auseinander. Geiger kam 1838 als fortschrittlicher Rabbiner nach Breslau. Er setzte sich schließlich als Nachfolger seines traditionalistischen verstorbenen Amtskollegen Tiktin durch. Geiger kritisierte scharf die frühen Schriften von Hirsch.

Heinrich Graetz studierte 1842 in Breslau und erhielt nach seiner Promotion einen Ruf an das neue Rabbinerseminar in derselben Stadt. Hier verfasste er seine monumentale Geschichte der Juden in elf Bänden, die eine außerordentliche Leistung darstellt. Das Breslauer Rabbinerseminar ging später Samson Raphael Hirsch in der kritischen Erforschung der Mischna, eines Hauptteils des Talmud, zu weit und er polemisierte 1869 gegen diese Institution.

Typisch für die scharfe Trennung ihrer Wege war auch, dass Geiger von 1860 bis 1870 Rabbiner in Frankfurt wurde und wohl nie den in derselben Stadt wirkenden Samson Raphael Hirsch gesehen hat, der dort seit 1851 als Rabbiner der „Israelitischen Religionsgesellschaft“ amtierte, die sich separat von der Hauptgemeinde organisiert hatte. Nur vier Jahre war es Geiger beschieden, danach (1870–1874) Rabbiner in Berlin zu sein.

Gottesdienstes und die Ethik der Propheten wurde in den Vordergrund gerückt.
Ein junger Rabbiner mit akademischer Ausbildung namens ***Abraham Geiger*** machte sich dazu grundsätzliche Gedanken und berief 1837 ein erste ***Versammlung*** jüdischer Gelehrter in Wiesbaden ein, zwei weitere folgten 1844 und 1845. Doch schon im Vorfeld ging den Traditionalisten die Diskussion zu weit, sie organisierten 1844 eine Unterschriftensammlung. Aus dieser Protestbewegung entstand das ↗***moderne orthodoxe Judentum*** (nicht zu verwechseln mit der Orthodoxie polnischer Tradition). Vermitteln zwischen den Polen wollte das ***„historisch-positive“*** oder konservative ***Judentum*** und am meisten Änderung durchführen wollte das ***liberal-religiöse Judentum.*** Diese drei Strömungen institutionalisierten sich zwischen 1854 und 1873 in der Gründung von drei verschiedenen privaten Rabbinerseminaren in Breslau und Berlin. Dieses Grundmuster exportierten deutschsprachige Juden in die USA, wo es noch heute anzutreffen ist.
Die Juden in Deutschland hatten sich in drei Richtungen gespalten. Es gab keinen deutschlandweiten Dachverband, der hier hätte vermitteln können. Dies stand im Gegensatz zu Frankreich, wo Napoleon 1808 für Juden eine Konsistorialverfassung nach protestantischem Vorbild erlassen hatte.

Jüdische Schulen in der Neuzeit

Aus Deutschland kam auch die Anregung zur Gründung moderner jüdischer Schulen, die, im Unterschied zu vorher, die ***Allgemeinbildung*** systematisch berücksichtigten. 1778 entstand die erste jüdische Freischule in Berlin. Moses Mendelssohn hatte bei der Abfassung eines Lehrwerkes mitgewirkt. Bald entwickelten sich an einigen Orten bis 1805 Modellschulen. Nach 1815 wurden viele moderne ***jüdische Volksschulen*** gegründet. In einigen Staaten blieben diese auch nach den 1870er Jahren erhalten, in anderen wurde die ***überkonfessionelle „Simultanschule“*** eingeführt. Um 1900 gab es im Deutschen Reich über 400 jüdische Volksschulen. Es waren vor allem die jüdischen Volksschulen, die den Landjuden eine allgemeine, moderne Bildung vermittelten. In den großen Städten besuchten die jüdischen Kinder, mit Ausnahme von Teilen der modernen Orthodoxie, dagegen die ***allgemeinen Schulen.*** In Preußen war der Status des jüdischen Religionsunterrichts lange nicht geklärt. Sogar in den „Simultanschulen" war jüdischer Religionsunterricht oft nicht zugelassen, Juden wurden kaum an den öffentlichen Schulen angestellt, wie es auch nur selten Zuschüsse der öffentlichen Hand zu den Ausgaben für Religionsunterricht und Synagoge gab. Dagegen wurde die evangelische Kirche in Preußen massiv gefördert, konfessionell geprägte Lehrerseminare und Universitätsfakultäten für die Theologenbildung wurden vom Staat ganz finanziert.

In Osteuropa erfolgte die Einführung eines modernen Schulwesens zwei Generationen später. Erst Ende des 19. Jahrhunderts wurden eine modernere Form der ***traditionellen Schule*** (↗Cheder metukan) mit ***naturwissenschaftlichem Unterricht*** und vor allem ***Mädchenschulen*** verschiedener Ausrichtung (s. S. 55) eingeführt. Dennoch rebellierten viele Schüler und Studenten gegen das traditionelle Milieu, woraus in den 1890er Jahren die weltlichen Strömungen im osteuropäischen Judentum, Zionismus und Bundismus, erwuchsen (s. S. 64). Nicht wenige schlossen sich aus Verzweiflung über ihre schlechte Behandlung durch die russischen Behörden einer revolutionären Bewegung an und brachen dabei ihre Verbindungen zur jüdischen Gemeinschaft bewusst ab.

Jüdische Frauen im gesellschaftlichen Leben in Europa

Um 1800–1815 traten im deutschsprachigen Judentum Frauen als ***Salondamen*** in Erscheinung. Diese Salons in Berlin, Wien und Frankfurt waren sehr angesehen. Alle Stän-

Henriette Goldschmidt (1825–1920)

Sie wuchs in Krotoschin in Posen auf und heiratete einen liberalen Rabbiner, der lange Jahre in Leipzig wirkte. Henriette Goldschmidt gehörte zu den Mitbegründerinnen des Allgemeinen deutschen Frauenvereins. Sie unterzeichnete auch eine Eingabe im Jahr 1867, Frauen an den deutschen Universitäten zum Studium zuzulassen. Sie setzte sich für die Verbesserung der Ausbildung von Erzieherinnen in Kindergärten ein und gründete eine Fortbildungsschule für Frauen in Leipzig. Wichtig war ihr auch, dass uneheliche Kinder rechtlich nicht für die Taten ihrer Erzeuger büßen mussten. Im hohen Alter verstarb sie in Leipzig.

de und Konfessionen, ja sogar religiöse Freigeister trafen sich. Zu den Empfängen von Fanny Arnstein (1757–1818) in Wien kamen Fürst Metternich, der preußische Politiker Hardenberg und der französische Diplomat Talleyrand, zu Rahel Varnhagen (1771–1833) in Berlin die Gebrüder Humboldt, die Dichter Schlegel und Tieck sowie der romantische Theologe Friedrich Schleiermacher. Die Restauration nach 1814 erzeugte ein geistig intolerantes Klima und die Epoche der von jüdischen Frauen geführten Salons kam zu einem Ende. An der Diskussion über die Stellung der Frau in der zweiten Hälfte des 19. Jahrhunderts beteiligten sich auch Jüdinnen. Die Rabbinergattin ***Henriette Goldschmidt*** (1825–1920) gehörte zu den Mitbegründerinnen des ***Allgemeinen deutschen Frauenvereins*** (1865). Sie verfasste Petitionen zu-

gunsten einer höheren Bildung von jungen Frauen und richtete selbst eine private Frauenhochschule ein. Ihr Buch über „Die Frauen, eine Kulturfrage" (1870) erregte großes Aufsehen. In kleineren Städten, wie Karlsruhe, profilierten sich Frauen mit öffentlichen Vorträgen über Literatur, wie die Erinnerungen von Anna Ellinger, geb. Ettlinger, belegen. Statistisch gesehen war der relative Anteil der Studentinnen aus jüdischen Familien größer als aus christlichen Familien. Waren sie offener für die Moderne?
1904 wurde der ***Jüdische Frauenbund Deutschlands*** mit Sitz in Berlin gegründet. In den 1920er Jahren hatte er 450 lokale Vereine. Die prägende Persönlichkeit war ***Bertha Pappenheim***.
Alice Salomon (1872–1948) betrieb die Verbesserung der Sozialarbeit und forderte 1906 in einem Buch gleichen Lohn für Mann und Frau. Ihre Schülerin, die etwas jüngere ***Siddy Wronsky*** (1883–1947) setzte sich im Gegensatz zu Salomon für die jüdische Gemeinschaft ein, gründete Kinderheime für die ostjüdischen Familien. Sie gründete das ***„Archiv für Wohlfahrtspflege"***. 1932 wanderte sie nach Palästina aus und sorgte dafür, dass ihr Kinderheim „Ahawa" (hebr. für Liebe) 1934 nachfolgen konnte. Im britisch verwalteten Palästina baute sie in Jerusalem die ***Schule für soziale Arbeit*** auf. Auch Alice Salomon musste trotz 1914 erfolgter Taufe 1937 nach England emigrieren. Zur Zeit der Weimarer Republik hatten die jüdischen Frauen in vielen städtischen großen Gemeinden das Frauenstimmrecht erhalten. 1919 hatte sogar der Rektor des orthodoxen Rabbinerseminars in Berlin, David Zwi Hoffmann, entschieden, dass Frauen das aktive ***Wahlrecht*** einzuräumen sei. Einen zusätzlichen Schritt machte ***Regina Jonas***, Absolventin der Lehranstalt für die Wissenschaft des Judentums, dem liberalen Rabbinerseminar in Berlin, als sie 1935 die Ordination als ***Rabbinerin*** erhielt – die ***erste der Welt*** für eine Frau. Sie wurde später ermordet.
Im englischsprachigen Judentum entstand auch eine Frauenbewegung. Hier hatte ja die ***Suffragettenbewegung,*** die

für die Gleichstellung der Frau kämpfte, ihren Ausgang genommen. ***Lili Helen Montagu*** (1873–1963), ein Mitglied der britisch-jüdischen Oberschicht, leitete in London einen eigenen Club für junge Frauen und hielt auch jüdische Gottesdienste ab, was ganz neu war. Sie war 1926 eine Mitbegründerin der Organisation der liberalen Juden, der World Union for Progressive Judaism (WUPJ).
Unter den traditionelleren osteuropäischen Juden entstand ebenfalls eine Frauenbewegung. In der verbesserten jüdischen Grundschule („Cheder metukan") erhielten Mädchen erstmals den gleichen Unterricht. Aus einer städtischen jüdischen Warschauer Familie entstammte die Sozialistin ***Rosa Luxemburg***, die sich an der Universität Zürich, die für Frauen seit 1867 offen war, weiterbilden konnte. Sie empfand ihre jüdische Herkunft als unwichtig und wehrte sich dagegen, auf jüdische Anliegen angesprochen zu werden. Russische Jüdinnen waren zwischen 1880 und 1914 die Pionierinnen des Frauenstudiums in der Schweiz und machten zeitweise die Mehrheit unter den Medizinstudentinnen aus.
Nach 1900 gründete ***Pua Rakovsky*** in Warschau eine moderne Mädchenschule, und die orthodoxe Jüdin Sarah Schnirrer (1883–1938) in Krakau baute nach 1917 ein Mädchenschulwesen mit jiddischer Unterrichtssprache auf (Bet-Jacob-Seminare), das im Polen der Zwischenkriegszeit große Bedeutung erlangte. Dieses war mit der orthodoxen Strömung „Agudat Israel" verbunden. Doch auch im Zionismus entstanden moderne Schulen mit Gleichberechtigung der Mädchen, so im religiösen (Misrachi – die Jawne-Schulen) und im sozialistischen Zionismus (die „Tarbut" Schulen). Hier wurde dem Hebräisch-Unterricht besondere Bedeutung zu gemessen. Von Anfang an hatten die Frauen bei den Wahlen zu den ***zionistischen Weltkongressen*** (ab 1897) ***gleiches Stimmrecht,*** was in den meisten Staaten vor 1914 nicht üblich war. Weiter entwickelte sich die 1920 gegründete ***Womens' International Zionist Organization*** (WIZO) zu einer bedeutenden Vereinigung, die sich sehr für die Kindererziehung und Berufsausbildung für Frauen in Palästina und dem

späteren Staat Israel einsetzte. Sie spielt im gesellschaftlichen Leben der amerikanischen Juden bis heute eine große Rolle. Auch die jüdische Arbeiterbewegung, der polnische sozialistische „Bund", der sich für die Integration der Juden in Osteuropa als nationale Minderheit auf Basis der ↗jiddischen Kultur einsetzte, war im Aufbau eines eigenen Schulwesens erfolgreich („Centraler jiddischer Schulorganisazie" CYSHO). Das Stereotyp von den rückschrittlichen innerjüdischen Verhältnissen in Osteuropa ist somit, was Frauenbildung angeht, zu korrigieren.

Integration: Ein anerkannter Platz in der Gesellschaft?

Westeuropa

Die Juden in Deutschland waren bis in die 1880er Jahre ländlich geprägt. Erst mit der Erteilung der Freizügigkeit zogen sie in die Städte. Berlin wuchs schnell. 1925 hatte Berlin die größte jüdische Gemeinde im Deutschen Reich mit 160 000 Mitgliedern, das war ein Drittel der jüdischen Bevölkerung in Deutschland. Auch Paris, London und Rom zogen in dieser Zeit viele Juden an. Nach etwa 1875 kamen viele Juden aus Osteuropa in den Westen. Ostjüdische Studenten konnten sich an Universitäten in Deutschland, der Schweiz und Frankreich einschreiben. Die kleine Schweiz war hier aus politischen und pragmatischen Gründen besonders offen. Die Universitätspolitik bestimmten oft Liberale und man hatte wenig Studenten.

In Frankreich hatte die Benennung von drei Juden (Adolphe Crémieux, Michel Goudchaux und Achilles Fould) 1848 zu Ministern ein gewisse Signalwirkung. Als Leopold Sée 1860, ein Elsässer Jude, der erste jüdische General Frankreichs wurde, war die Integration auf staatlicher Ebene seit 1791 im Gegensatz zu Preußen weit vorangeschritten. Auch wenn es 1894 zur berüchtigten Dreyfus-Affäre kommen sollte – einem jüdischen Hauptmann wurde ohne Belege Geheimnisverrat unterstellt – so setzten sich die emanzipationsfreundlichen Kräfte in ***Frankreich*** durch. Nicht zuletzt deswegen kam es zur ***Trennung von Staat und Religion*** (1905). Ein ähnliches Modell der erfolgreichen Integration bildete das neue Königreich ***Italien.*** Auch hier erreichten Juden höchste Positionen im Staat, Giuseppe Ottolenghi

Stefan Zweig
1881–1942

Zweig verfasste historische Romane und entwickelte sich während des Ersten Weltkriegs zum Pazifisten. Er übersetzte viel vom Französischen ins Deutsche. Seine Übertragung des französischen Autors Baudelaire wurde sehr gelobt. Er war ein großer Anhänger der multikulturellen österreichisch-ungarischen Donaumonarchie, die er etwas idyllisierte. 1943 nahm er sich auf der Flucht in Südamerika das Leben.
Stefan Zweig ist einer der wenigen Klassiker deutsch-jüdischer Herkunft, die auch nach 1945 immer wieder verlegt wurden.

(1838–1904), war 1902/03 Kriegsminister, was im Deutschen Reich unvorstellbar war.
Die ***Schweiz*** verhielt sich den Juden gegenüber sehr zögerlich. Unter dem Druck Frankreichs führte sie die Gleichbehandlung französischer Juden und Christen in der Schweiz 1864 ein, 1866 wurde die Freizügigkeit auch auf Schweizer Juden ausgedehnt. Erst 1879 wurden die zwei jüdischen Landgemeinden zu Ortsbürgergemeinden erklärt und damit die Gleichstellung vollzogen. 1862 war sogar das Parlament des Kantons Aargau durch eine Volksabstimmung abberufen worden, weil es die Emanzipation angenommen hatte. Demokratie konnte die Durchsetzung judenfeindlicher Ressentiments bedeuten. 1894 führte die erste erfolgreiche Volksinitiative das Schächtverbot ein, das bis heute gilt.

Osteuropa

Eine Mittelstellung nahm die ***Donaumonarchie Österreich-Ungarn*** ein. Sie brauchte die loyale deutschsprachige Minderheit der Juden in ihrem slawisch geprägten Osten und spielte sie nach ihrer Gleichstellung 1867 gegen die wachsende polnische Nationalbewegung in Galizien aus. In ***Russland*** blieben die Juden weiterhin auf die kleinen Städte verwiesen, wo sie oft einen hohen Anteil ausmachten. In den 1880er Jahren entstand ein jüdischer Industriearbeiterstand, der den Rückhalt für die jüdische sozialistische Bewegung bildete. Die ***polnische Nationalbewegung*** verhielt sich nach 1860 sehr ablehnend zur Frage der Gleichstellung der Juden. Die polnischen Emigranten waren etwas offener eingestellt. Im agrarisch geprägten ***Ungarn*** bildeten die Juden einen wichtigen Teil des Bürgertums der Städte. Nicht wenige schlossen sich der erzwungenen Magyarisierungswelle an und änderten ihre deutschen Namen in ungarische um. In Ungarn lebten damals 54 % Ungarn, 17 % Rumänen, 11 % Deutsche und 11 % Slowaken. Die in der zweiten Hälfte des 19. Jh. nachlassende Toleranz gegenüber nationalen Minderheiten traf auch die Rechte der Juden. Einige ließen sich auch taufen.
Nach dem Ersten Weltkrieg verschlechterte sich die rechtliche Lage der Juden in Europa. Die neuen Staaten taten sich mit der Gleichstellung der Juden schwer. In Polen hatten die Juden unter Marschall Pilsudski bis 1926 noch eine einigermaßen ruhige Zeit. Mit der Schwächung der demokratischen Ansätze verschlechterte sich die Lage der Juden bis 1939. ***Übergriffe*** und ***Boykotte, Quoten*** an den Universitäten und Judenbänke waren in Osteuropa an der Tagesordnung. Im neuen litauischen Staat wurde ein Ministerium für jüdische Angelegenheiten nach wenigen Jahren abgeschafft und die alte Linie der Diskriminierung verfolgt.
Der mit dem ***Untergang des Zarenreiches*** ausbrechende Bürgerkrieg (1917–21) war von ***schweren Pogromen gegen Juden*** begleitet. Am 2. April 1917 wurde zwar die Gleich- ▶ S. 62

Paris

Bereits im Mittelalter gab es in Paris eine wichtige jüdische Gemeinde. Die „Weisen von Paris" waren über Europa hinaus bekannt. Mit der allgemeinen Vertreibung der Juden aus dem französischen Königreich im Jahr 1394 fand diese Epoche ihr Ende.
Abgesehen von vereinzelten Juden nahm ihre Zahl erst kurz vor Ausbruch der Französischen Revolution bis 1789 auf fünfhundert zu. Bis etwa 1880 war die elsässisch-jüdische Landsmannschaft am stärksten vertreten. Danach folgten osteuropäische Juden, bis im Jahr 1940 die Zahl der jüdischen Einwohner 148 000 betrug.

Erst die Gleichstellung der Juden in Frankreich 1791 erlaubte eine Ansiedlung in Paris.

1859 wurde als äußeres Zeichen der neuen Bedeutung der Stadt im jüdischen Leben das Rabbinerseminar vom lothringischen Metz in die Hauptstadt verlagert. Nach 1860 baute die „Alliance Israelite Universelle" von Paris aus in Nordafrika und im Nahen Osten ein Bildungswerk für die orientalischen Juden auf, das stark von der französischen Kultur bestimmt war.

In den 1930er Jahren mehrte sich in Paris die Judenfeindschaft, besonders gegen die jüdischen Flüchtlinge aus Deutschland. Während der deutschen Besetzung (1939–1944) konnten sich viele im Süden Frankreichs verstecken und dort überleben. Nach 1945 wanderte nach Paris eine große Zahl algerischer Juden zu, die schon das französische Bürgerrecht besaßen. Heute ist die jüdische Gemeinschaft in Paris mit 300 000

Die Juden maghrebinischer Herkunft machen heute die Mehrheit der jüdischen Stadtbevölkerung aus.

Gläubigen die größte in Europa und weist eine große Vielfalt auf: Von traditionalistischen Juden aus dem algerischen Atlasgebirge bis zu völlig Säkularen sind alle Strömungen vertreten.

Hauptsynagoge des „consistoire israelite central“, eingeweiht im Jahr 1874. Die Rundbogenarchitektur entspricht dem christlichen Kirchenbaustil, die zwei Gesetzestafeln auf dem Giebel kennzeichnen den Bau als Synagoge.

Ismar Elbogen (1874–1943)
Elbogen wuchs in Posen auf und studierte in Breslau an der Universität, wie auch am Jüdisch-Theologischen Seminar. 1898 promovierte er über Spinoza und wirkte am Collegio Rabbinico in Florenz, bis er 1902 einen Ruf an die Lehranstalt für die Wissenschaft des Judentums in Berlin erhielt. Hier war er der „Macher“ hinter den Kulissen und hatte auf der Besetzung liberaler Rabbinate im deutschsprachigen Raum einen großen Einfluss. Elbogen beschäftigte sich mit der Erforschung der Geschichte des jüdischen Gottesdienstes. 1919 verlieh ihm die neue preußische Regierung den Professoren-Titel. Er wirkte in vielen jüdischen Organisationen mit, gehörte zu den Herausgebern der Zeitschrift für die Geschichte der Juden in Deutschland, der deutschen Encyclopaedia Judaica, wirkte beim Jüdischen Lexikon mit und diente als Gastprofessor in New York und Jerusalem, an der jungen hebräischen Universität (1928). Unter dem Druck der zionistischen Orthodoxie, die an letzterer einflussreich war, wurde Elbogen in der NS-Zeit allerdings nicht nach Jerusalem berufen. Er emigrierte 1938 in die USA.

stellung der Juden erklärt. Mehrere tausend wurden jedoch zwischen 1917 und 1921 ermordet, ***viele flohen*** in den Westen. In der Sowjetunion wurde nur eine linientreue, d. h. sozialistische, ↗jiddische Kultur geduldet. Der Druck des atheistischen Staates wirkte sich auf die Religionspraxis aus. Nur mühsam wurden antijüdische Ressentiments versteckt. Stalin schuf eine autonome jüdische Region in Sibirien in Birobidschan (1934), veranlasste „Säuberungen“ in der KPdSU und gründete eine eigene jüdische Abteilung der Partei, die „Jewsekzija“. Zionistische und andere Parteien wurden verboten. Die amerikanischen Hilfsorganisationen durften sich nicht weiter betätigen.

Joseph Roth (1894–1939)
In Schwabendorf bei Brody/Ostgalizien (damals Österreich-Ungarn, heute südwestliche Ukraine) geboren, Journalist und Romancier. 1918 bis 1923 für verschiedene Zeitungen in Wien und Berlin tätig. 1923–1933 Korrespondent der Frankfurter Zeitung und damit ständig auf Reisen in europäischen Großstädten. 1933 emigrierte er zunächst in die Schweiz – dort wies ihn die Fremdenpolizei aus –, später nach Marseille, Nizza und Paris, wo er bis zu seinem Tod überwiegend lebte. Sein besonderes Anliegen galt der Not der galizischen Juden. Ihre Wanderungen beschrieb er in verschiedenen Werken. Besonders bekannt wurde sein Buch „Radetzky-Marsch" (1932).

Etwa zwei Mio. osteuropäische Juden wanderten zwischen 1880 und 1924 in die USA aus. Dadurch entwickelte sich die amerikanisch-jüdische Gemeinschaft schnell zum zweitgrößten jüdischen Zentrum in der Welt vor 1939. Die konservativ-religiöse Strömung verstärkte sich durch ihre Zuwanderung sehr. Die Einwanderergeneration sprach noch Jiddisch. Die Kinder wuchsen englischsprachig auf. Bei den Enkeln haben sich die Kenntnisse des Jiddischen weitgehend verloren. Als Wirtschaftskrisen nach 1918 Europa erschütterten, halfen viele amerikanische Juden den europäischen mit Spenden. Das „American Jewish Joint Distribution Committee" entfaltete eine segensreiche Tätigkeit.

Südeuropa

Schlecht war die Lage der Juden in ***Rumänien,*** die zu einem großen Teil keine Staatsbürgerrechte hatten, wenn sie in den 1918/20 neu erworbenen Gebieten, wie etwa Siebenbürgen, wohnten. Auch hier regten sich antidemokratische faschistoide Bewegungen, die meist einen antisemitischen Kurs fuhren. In ***Saloniki*** führte der Übergang an die griechische Regierung und der Stadtbrand 1917 zu einem Niedergang der jüdischen Gemeinde (s. S. 32 f.).
In der ***Türkei*** wurden Reformen der Rechtslage der Juden in der zweiten Hälfte des 19. Jahrhunderts zwar dekretiert, aber kaum durchgeführt. Hier wirkte das französischsprachige Schulwesen der Alliance Israelite Universelle und verdrängte das Ladino bis zu einem gewissen Grad.
In ***Spanien und Portugal*** hatten sich kaum Juden angesiedelt. Einige Converso-Familien in Portugal, die 400 Jahre in der Gegend von Belmonte als „Geheimjuden" überdauert hatten, kehrten unter Führung von Major Arthur Carlos de Barros Basto zum rabbinischen Judentum zurück, wie der polnische, jüdische Forscher Samuel Schwarz 1925 schrieb. Ihre Kinder gingen aber meist gemischte Ehen ein und deren Nachkommen verschwanden endgültig aus dem Judentum.

Am Scheideweg in Osteuropa

1881 gab es ***im Zarenreich*** eine ***Pogromwelle,*** 1891 wurden Juden aus Moskau ausgewiesen. Die wirtschaftlichen Verhältnisse waren schlecht, die Existenz vieler jüdischer Kleinhandwerker gefährdet. Aus der Bedrängnis heraus entstand die Idee nach Palästina auszuwandern; nach 1882 gründeten sich die Vereine der Chowewe Zion (= Zionsliebende), die sich um die Umsetzung dieses Zieles bemühten. Ein weiterer großer Teil der russischen Juden wollte in den Westen auswandern, weil er in Russland keine Zukunft mehr sah. Jedes Jahr verließen Zehntausende ihre russischen Heimatorte und schifften sich in Bremen oder Hamburg ein.

Für viele jüdische Jugendliche bot die Gemeinschaft in Jugendbünden eine wichtige Stütze. Hier ist eine Mädchengruppe des zionistischen Wanderbundes „Blau-Weiß" aus Breslau zu sehen.

Der jüdische Journalist ***Theodor Herzl*** war schockiert, dass sogar im liberalen Frankreich antisemitistische Tendenzen mit der Dreyfus-Affäre 1894 (s. S. 57) öffentlich zu Tage traten, und kam zu dem Schluss, dass die Juden eine neue Gesellschaft, einen neuen idealen und gerechten Staat aufbauen sollten, der vorbildlich für die Nichtjuden sein sollte. Dieses Ideal, verbunden mit der praktischen Ausbildung für die Auswanderung nach Israel, verfolgten die ↗***Zionisten*** in Ost- und Westeuropa. 1897 wurde der erste Zionistenkongress in Basel eröffnet.
Einen Monat später entstand der „Allgemeine Arbeiterbund der Juden in Litauen, Polen und Russland", kurz „Bund", der sich als nationale Minderheit auf Basis der jiddischen Kultur in Osteuropa integrieren wollte. Ein scharfer Konflikt mit dem Zionismus war vorgezeichnet. Denn die Zionisten legten Wert auf die Wiederbelebung der hebräischen Sprache und lehnten das Jiddische als Sprache des Exils entschieden

Demonstration zum 30jährigen Jubiläum des Allgemeinen jüdischen Arbeiterbundes 1927

ab. Ein neuer hebräischer Mensch sollte im Schweiße seines Angesichts im Lande Israel Landwirtschaft betreiben: Der Pionier („Chaluz“) war das Ideal.

Die ↗***Bundisten*** waren dagegen weltliche Sozialisten und distanzierten sich von der religiösen Lebenspraxis. Sie hatten ein krisenhaftes Verhältnis zur allgemeinen sozialistischen Bewegung, die die Juden nicht als nationale Gruppe anerkennen wollten, sondern ihre Auflösung im Sinne des proletarischen Internationalismus verlangte. Paradox war, dass der jüdische Bund im russisch verwalteten Polen zeitweise mehr Mitglieder aufwies, als die allgemeine sozialistische Bewegung.

Der polnische Chassidismus bekämpfte von Anfang an das Anliegen der Zionisten als Gotteslästerung. Die Menschen sollten Gott nicht ins Handwerk pfuschen und ihr Schicksal nicht selbst in die Hand nehmen. Als Gegenpartei gründeten die litauische und sogar die deutsche moderne jüdische Orthodoxie die ↗***Agudat Israel*** (= Verein Israels). In Polen erhielt die „Aguda“ in den jüdischen Gemeindewahlen der

Zeit nach 1920 oft nur ein Drittel der Stimmen, was anzeigt, dass ihr Einfluss stark gesunken war.
Im Zionismus bildete sich eine religiöse Gruppe heraus, die moderne Orthodoxie und Zionismus vereinte. Sie blieb aber eine kleine Bewegung („Misrachi"). Der Zionismus war im Wesentlichen eine säkulare Bewegung mit nationalen, ja sogar kolonialen Interessen. Judentum bedeutet nun nicht mehr ausschließlich Religion, sondern auch Nation.
Zu diesen großen Strömungen kamen weitere Untergruppen, etwa die ***Folkisten,*** die eine kulturelle Autonomie anstrebten, aber nicht wie die Bundisten sozialistisch eingestellt waren. Zu den Folkisten gehörte der bedeutende Historiker Simon Dubnow (1860–1941), der die letzte umfassende jüdische Geschichte von der Antike bis zu seiner Zeit (1920er Jahre) verfasste. Er widmete den osteuropäischen Juden seine besondere Aufmerksamkeit und versuchte das deutschlandzentrierte Bild der Geschichtsschreibung zu brechen.
In Westeuropa stieß der Zionismus auf Ablehnung. Viele Juden waren zwar bereit, den osteuropäischen Glaubensbrüdern zu helfen, doch nur eine Minderheit überlegte sich eine Auswanderung als zionistischer Pionier. Im Westen sahen viele junge Juden das osteuropäische Judentum als das authentische an. Intellektuelle pilgerten zu chassidischen Höfen und ein in Lemberg aufgewachsener Religionsphilosoph namens ***Martin Buber*** (1878–1967) veröffentlichte 1905 auf Deutsch chassidische Erzählungen. Er gründete mit anderen den Jüdischen Verlag in Berlin, der wichtige Werke herausbrachte. Gab es nun eine weltliche moderne jüdische Kultur? Was waren deren Inhalte? Die jüdische Kunst wurde entdeckt, Ausstellungen in Paris (1878) und London (1887) vermehrten das Interesse und an vielen Orten entstanden jüdische Museen. Jüdische Künstler versuchten eine moderne jüdische Kunst in Auseinandersetzung mit den aktuellen Strömungen (Jugendstil, Expressionismus, Art Déco) herzustellen. Traditionelle Symbole wurden wieder verwendet. Die Synagogenarchitektur veränderte sich. Unter dem Einfluss des Zionismus wurde vermehrt der Hebrä-

Jahrbuch

der

Jüdisch-Literarischen Gesellschaft

(Sitz: Frankfurt a. M.)

XIX.

Frankfurt a. M.
J. KAUFFMANN
1928

Die moderne deutsch-jüdische Orthodoxie pflegte die bildungsbürgerliche Kultur. Das Jahrbuch der jüdisch-literarischen Gesellschaft enthielt wertvolle Aufsätze zu jüdischen Themen in deutscher und jüdischer Schrift.

ischunterricht im Religionsunterricht der Gemeinden gepflegt.
Der Philosoph Franz Rosenzweig rief zu Ende des Ersten Weltkriegs die so genannte ***Lehrhaus-Bewegung*** ins Leben. Jüdische Erwachsene sollten sich mit den alten jüdischen Quellen beschäftigen und sich so einen neuen Zugang zur jüdischen Kultur öffnen. Dieses Bestreben stand im Gegensatz zur bürgerlichen Akkulturation.
Seit der zweiten Hälfte des 19. Jahrhunderts distanzierten sich die westeuropäischen Juden immer mehr von der religiösen Lebenspraxis. Das „Drei-Tage-Judentum“ entstand: Man feierte Pessach und ging zu den Hohen Feiertagen im Herbst, zu Rosch Ha-schana und Jom Kippur, in die Synagoge, um Bekannte zu treffen. Die Bedeutung der Religion nahm im täglichen Leben für Juden und Christen immer mehr ab.
Die innerjüdischen Diskussionen über den Platz in der Gesellschaft wurden jäh unterbrochen, als 1933 in Deutschland die Nationalsozialisten an die Macht kamen und 1939 einen Weltkrieg anfingen.

Ein neues jüdisches Zentrum in Palästina

Der Zionismus gewann durch die Balfour-Erklärung an Bedeutung. Denn sie war die Voraussetzung für die Umsetzung der Ziele, d. h. für die Auswanderung nach Israel und das Aufbauwerk im britisch verwalteten Palästina, dem schließlich auch Kritiker, wie der Historiker Simon Dubnow, Respekt zollten. Eine neue moderne Großstadt entstand mit Tel Aviv neben dem arabischen Jaffo (1929: 36 600 Einwohner). Jerusalem wurde im Westen erweitert. In den landwirtschaftlichen Siedlungen, den Kibbuzim und Moschawim, arbeiteten die Pioniere und bildeten das Lebensideal der nichtorthodoxen jüdischen Bevölkerung Palästinas. Bei den Wahlen erzielten die Sozialdemokraten nach 1922 die Mehrheit. Ihr unumstrittener Anführer war David ***Ben Gurion*** (1886–1973), der schon früh (1906) von Polen nach Palästi-

Chaim Weizmann (1873–1952)

Er wurde in einem weißrussischen Stedtl Motol bei Pinsk geboren und bildete sich in Deutschland und der Schweiz aus. 1900 habilitierte er sich für Chemie in Genf und wirkte als Redner bei den russisch-jüdischen Studentengruppen in der Schweiz und Deutschland. 1903 hielt er Vorlesungen an der Universität Manchester. Chaim Weizmann war in England durch seine wissenschaftliche Arbeit bekannt geworden. Er war früh in der zionistischen Politik aktiv und ein Mitbegründer der „demokratischen Fraktion".

Weizmann trat gern weltmännisch auf, er war in der deutschen, russischen und englischen Kultur zu Hause und sah sich erhaben über die politischen Grabenkämpfe innerhalb der zionistischen Bewegung. Während seines Lebens in England knüpfte er Verbindungen zu hochrangigen Politikern an und erreichte 1917 die Balfour-Erklärung. Der Zionismus galt nun als Ansprechpartner der britischen Weltmacht. Danach setzte er sich für den Aufbau eines modernen jüdischen Gemeinwesens im britisch verwalteten Palästina ein. 1920 wurde Waizmann zum Präsident der zionistischen Weltorganisation gewählt und hatte dieses Amt, mit einer Unterbrechung von vier Jahren, bis 1946 inne. Sein größter Rivale war David Ben Gurion, der in Palästina sehr einflussreich war und im jungen Israel Ministerpräsident wurde. Weizmann wurde 1949 der erste Staatspräsident Israels und blieb bis zu seinem Tod im Amt.

Balfour-Erklärung
In dieser Erklärung des britischen Außenministers Arthur J. Balfour am 12. November 1917 unterstützt die britische Regierung die Schaffung einer „nationalen Heimstätte in Palästina für das jüdische Volk“ mit der Einschränkung, dass nichtjüdische Gemeinschaften nicht beeinträchtigt werden sollen und die vollständige Souveränität der Araber gewährleistet sein soll.

na ausgewandert war. 1922 wohnten etwa 84 000 Juden in Palästina, das macht 11 % der Gesamtbevölkerung aus.
Die Neueinwanderer brachten ihre europäische Bildung mit und bauten eine moderne jüdische Gesellschaft auf. Die Infrastruktur wurde in den 1920er und 1930er Jahren ausgebaut: Ein fortschrittliches Gesundheits- und Fürsorgewesen, eine Gewerkschaft und eine Universität gegründet, neue Straßen angelegt, Anfänge der Industrie aufgebaut und eine moderne Landwirtschaft betrieben, die der althergebrachten überlegen war. Die jüdischen Flüchtlinge aus Deutschland, die nach 1933 eintrafen, verstärkten den europäischen Charakter. Mit der Vertreibung der Juden aus den muslimischen Staaten nach 1948 änderte sich die Zusammensetzung der jüdischen Bevölkerung im jungen Staat Israel.

Die Schoah: Antisemitismus, Verfolgung und Massenmord durch die Nationalsozialisten

Die nationalsozialistische Partei hatte den ↗ Antisemitismus schon in ihrem Parteiprogramm offen formuliert. Am 1. ***April 1933,*** nach etwa zweimonatiger Amtszeit, erklärte die neue Regierung unter Adolf Hitler einen ***Boykotttag*** gegen jüdische Geschäfte. Die ersten Juden flohen über die Grenzen. Einige jüdische Ladenbesitzer stellten sich mit ihren Verdienstorden aus dem Ersten Weltkrieg vor die Ladentüre ihrer Geschäfte, um gegen diese Ausgrenzung zu protestieren und in dem Glauben, diese Auszeichnung bewahre sie vor weiteren Beeinträchtigungen. Aber bald darauf wurden ***alle jüdischen Beamten entlassen,*** für Frontkämpfer gab es eine Sonderregelung bis 1935. Die deutschen Universitäten verloren viele bedeutende Professoren und Gelehrte. Die Entlassenen gingen ins Exil, fanden aber selten eine passende Stellung.

Die Haltung der Kirchen

Die Kirchen arrangierten sich weitgehend mit den Nationalsozialisten. Die katholische schloss 1933 ein Konkordat mit der neuen Regierung ab, nahm diese konforme Haltung aber in der ***Enzyklika „Mit brennender Sorge“*** 1935 zurück. Die evangelische Kirche wurde mit der Einführung des Reichsbischofsamtes gleichgeschaltet und von den ***Deutschen Christen,*** die die Nationalsozialisten und ihre politischen Ziele offen unterstützten, stark beeinflusst. Viele Landeskirchen führten in vorauseilendem Gehorsam das „Führerprinzip“ ein, und auch, wo die Kirchenleitungen nicht von Par-

Albert Einstein (1879–1953)
Einstein wuchs in Ulm auf und kam an die Kantonsschule nach Aarau/Schweiz. Er studierte an der Eidgenössischen Technischen Hochschule (ETH) in Zürich und ließ sich dort einbürgern. Darauf wurde er Beamter am Patentamt in Bern (1902–09). In dieser Zeit verfasste er bahnbrechende Arbeiten zur Physik und wurde als Professor für theoretische Physik nach Zürich berufen (zwischen 1909 und 1914). Seine Frau half ihm bei den mathematischen Problemen. 1914 kam er an die Akademie der Wissenschaften in Berlin. 1921 erhielt er für seine Entdeckungen den Nobelpreis. Einstein war Pazifist und setzte sich für den friedlichen Aufbau in Palästina ein und unterstützte die Errichtung der hebräischen Universität in Jerusalem. Von einer Vortragsreise 1933 in die USA kehrte er nach der Machtergreifung der Nazis nicht mehr zurück. Er wurde sofort ausgebürgert. Einstein starb 1953 in Princeton.

teimitgliedern besetzt waren, war der Antisemitismus weit verbreitet. Führende Kirchenvertreter legitimierten die Judenverfolgungen als Gottesstrafe, da die Juden Jesus nicht als Messias anerkannt hätten. Christen jüdischer Herkunft wurden ausgegrenzt, Pfarrer jüdischer Herkunft verloren ihr Amt.

Gegen den offenkundigen Rassismus und die Verfolgung anders Denkender wandte sich 1933 der Pfarrernotbund, aus dem später die ***Bekennende Kirche*** hervorging. Die Nazis gingen bald gegen widerborstige Pastoren und Priester vor. Auch aus dem Erziehungswesen wurden die Kirchen ausgeschaltet.

Proteste gegen die Verfolgung der Juden gab es nur wenige. Kardinal Michael Faulhaber äußerte sogar Verständnis für eine ***„Rasseforschung“***. Der einflussreiche evangelische Theologe Gerhard Kittel begrüßte die Anwendung des

Fremdenrechts auf die Juden und wollte eine separate judenchristliche Kirche sehen. Er wurde Experte für antikes Judentum an der Forschungsabteilung Judenfrage beim „Reichsinstitut für die Geschichte des neuen Deutschlands“. Die nationalsozialistischen „Deutschen Christen“ errichteten 1939 freiwillig ein „Institut zur Erforschung und Beseitigung des jüdischen Einflusses auf das christliche deutsche Leben“. Treibende Kraft dazu war Walter Grundmann, Professor für „völkische Theologie“ an der Universität Jena. Er ließ ein so genanntes Volkstestament, eine Bibel, in der jegliche Hinweise auf das Judentum getilgt wurden, in hoher Auflage verlegen. Diese umgeschriebene moderne Übersetzung des Neuen Testaments wurde sogar von Mitgliedern der Bekennenden Kirche geschätzt. Auch im christlichen Widerstand finden sich nicht wenige judenfeindliche Gedankengänge. So konnte sich der Freiburger Kreis beispielsweise eine Gleichberechtigung der Juden nicht vorstellen.
Die Tatsache, dass Walter Grundmann nach 1948 in der DDR Katecheten ausbilden und Kommentare zum Neuen Testament publizieren konnte, zeigt, dass man es mit dem Antifaschismus in der DDR nicht immer gleich ernst nahm.

Die Reaktion der Juden

Im Herbst 1933 schlossen sich die Juden Deutschlands in der ***„Reichsvertretung der deutschen Juden“*** zusammen. Rabbiner ***Leo Baeck*** wurde zum Präsident gewählt. 1934 richtete diese die „Mittelstelle“ für Erwachsenenbildung ein. Zehntausende Menschen waren mit einem Judentum konfrontiert, das sie entweder überhaupt nicht mehr kannten, da nur Großeltern jüdisch, sie in zweiter Generation getauft und christlich aufgewachsen waren, oder sie waren zwar formal Gemeindemitglieder, interessierten sich aber nicht für das Judentum. Weiter mussten viele junge Leute, wenn sie ein Visum erhalten wollten, einen bestimmten Beruf gelernt haben. Die Berufsumschichtung zur Ermöglichung einer Emigration wurde zum Tagesthema. Der zionistische Dachver-

Am Eingang des Wartesaals des jüdischen Einwanderungsbüros im jüdischen Hilfsverein Berlin 1936

band „Hechaluz" unterhielt viele ***Ausbildungslager*** in Deutschland und im Ausland. Die Absolventen erhielten Einwanderungszertifikate für das britisch verwaltete Palästina. Insgesamt konnten etwas über 50 000 deutsche und österreichische Juden nach Palästina fliehen und sich retten. Andere ***emigrierten nach England, in die USA, nach Südamerika oder in die chinesische Stadt Shanghai.*** Bis 1941 konnte man aus Deutschland auswandern. Die USA hatten gegenüber den Emigranten große Vorbehalte. Sie mussten einen Affidavit nachweisen, jemand musste für ihren Lebensunterhalt in den Staaten bürgen. Dies war nicht einfach zu bekommen. Für die Emigranten war es eine entwürdigende Lage, plötzlich als Bittsteller auftreten zu müssen.

Die Schweiz und die jüdischen Flüchtlinge

Die nahe Schweiz betrieb eine rigorose ***Fernhaltepolitik.*** Schon 1933 wurde durch die eidgenössische Fremdenpolizei in „rassische" und „politische" Flüchtlinge unterschieden. Nur „politische" konnten unter dem Nachweis direkter persönlicher Verfolgung als Parteimitglieder oder Gewerkschaftsaktivisten politisches Asyl finden. ***Juden*** wurden kaum in die Schweiz gelassen oder von der eidgenössischen Fremdenpolizei ***ausgewiesen.*** Große Teile der Schweizer Öffentlichkeit wollten nicht „überfremdet" werden. Im Oktober 1938 führte auf Bitten der Schweizer Regierung die deutsche den Judenstempel in den Reisepässen ein. Dies hatte der Direktor der Fremdenpolizei, Heinrich Rothmund, angeregt, der auch bei einem Essen im KZ Sachsenhausen bei Oranienburg die Schweizer Politik lobte, dass sie die „Verjudung" verhindert hätte. Dies waren für den Vertreter eines demokratischen liberalen Rechtsstaates doch eigenartige Äußerungen.
Die Praxis lockerte sich erst, als erste Nachrichten vom Massenmord im Frühling/Sommer 1942 in die Schweiz sickerten. Ende des Krieges hatte die Schweiz 25 000 jüdische Flüchtlinge aufgenommen. Dem Schweizerischen Israelitischen Gemeindebund, einer losen Föderation der meisten jüdischen Gemeinden, wurde vom Schweizer Bundesrat die Kosten der Unterbringung der Flüchtlinge aufgebürdet, eine eigenartige Solidarhaftung, die für andere Flüchtlingsgruppen, etwa Katholiken, unbekannt war. Ein sankt-gallischer Polizeibeamter, der 1938 österreichische jüdische Flüchtlinge entgegen der Vorschriften über die Grenze ließ, wurde scharf bestraft und bis zu seinem Tod nicht rehabilitiert.

Die Situation der Juden unter der NS-Herrschaft

Für die jüdischen ***Schulkinder*** in Deutschland war die neue Zeit bedrückend. Im Lehrplan wurde alles auf die „Rassenfrage" zugespitzt. Durch symbolische Akte wurde klar festgelegt, wer zur „Volksgemeinschaft“ gehört und wer nicht: Dies war beim Hitler-Gruß erkennbar bis zur Zugehörigkeit zu den linientreuen Jugendorganisationen. In der Hitlerjugend und im Bund deutscher Mädel wurde Judenhass gelehrt und die Kinder gegen die jüdischen Mitschüler aufgehetzt und teilweise gewaltsam ausgegrenzt. Die Nürnberger Gesetze von 1935 degradierten die Juden zu bloßen Staatsangehörigen. Nur wer seine arische Abstammung nachweisen konnte, blieb im Besitz der vollen Bürgerrechte. Nach der Olympiade in Berlin 1936 wurden die ***Juden*** immer konsequenter ***aus der Wirtschaft verdrängt.*** Wer immer noch Geschäftskontakte zu Juden unterhielt, wurde fotografiert und in den berüchtigten Stürmer-Kästen abgebildet. Jüdischen Viehhändlern und Hausierern wurden ihre Patente nicht mehr erneuert.

In derselben Zeit wirkte der ***Kulturbund der Juden*** in Deutschland und pflegte die Werke verfemter jüdischer Autoren und Musiker. Hier konnten viele eine Ablenkung und inneren Halt finden. Schon bevor Vorschriften erlassen wurden, wurden Juden in Theater und Kinos nicht mehr hineingelassen. Viele Kommunen brüsteten sich auch mit Schildern „Hier sind Juden unerwünscht“, vor Restaurants waren Tafeln „Hunde und Juden nicht zugelassen“ angebracht.

Unter dem massiven Druck verkauften viele jüdische Geschäftsleute ihre Firmen. Die neuen „arischen“ Inhaber zeigten dies in der lokalen Presse stolz an. Noch 1985 haben nicht wenige Geschäfte in Deutschland ihr 50-jähriges Bestehen gefeiert, was ja einer Feier der Arisierung entsprach.

Die Verschärfung der Lage

Im Oktober 1938 wurden ***Juden polnischer Staatsangehörigkeit ausgewiesen*** und hatten tagelang im Grenzgebiet zwischen dem Deutschen Reich und Polen auszuharren, weil auch Polen seine Staatsbürger nicht aufnehmen wollte. Aus Zorn über diese menschenunwürdige Behandlung schoss Herschel Grünspan einen deutschen Botschaftsangestellten

in Frankreich, Ernst von Rath, nieder. Als Reaktion darauf wurden massive Übergriffe auf Synagogen, Geschäfte und Privatwohnungen inszeniert, zu denen Zehntausende Kollaborateure ihre Hand boten, was in der so genannten Reichskristallnacht oder Reichspogromnacht am 9. November 1938 gipfelte. Zehntausende wurden verhaftet und in KZs gesteckt. Eine Befreiung war nur, mit der Verpflichtung sofort auszuwandern, möglich.
Die nachfolgenden Denunziationen über Kontakte mit Juden erreichten Ende 1938 ein solches Ausmaß, dass Hermann Göring eine Verordnung erließ, wieder zur Sache zu kommen, um den Wirtschaftsplan nicht zu gefährden.
Im Februar 1939 verschärfte die Regierung ihre Kontrolle über die Dachorganisation, die nun „Reichsvereinigung der Juden in Deutschland“ hieß. Als Beispiel für erste Deportationen sei ein eifriger Gauleiter genannt, der im Herbst 1940 Juden aus Baden und der Saarpfalz nach Südfrankreich deportieren ließ.

Der Massenmord an den europäischen Juden

Mit dem Angriff auf die Sowjetunion begann 1941 der Massenmord. Die dem Sicherheitsdienst unterstellten vier „Einsatzkommandos“ erschossen Hunderttausende von „feindlichen Elementen“ unter der Zivilbevölkerung. ***Zu 90 %*** waren ***Juden*** davon ***betroffen.*** In Polen mussten die Juden bald nach dem deutschen Einmarsch den Judenstern tragen, im Deutschen Reich seit 1941. Die Juden verloren nun auch die Staatsangehörigkeit, ihr verbleibender Besitz wurde staatlich eingezogen, auch derjenige von Emigranten (bspw. Grundstücke). Im September 1941 begann man in ***Auschwitz*** Menschen zu vergasen und am 20.1.1942 wurde der ***Massenmord*** in einer Villa am Wannsee in Berlin beschlossen. An die sechs Millionen Juden wurden ermordet. Viele der wichtigsten Vernichtungslager befanden sich in Polen (Belzec, Chelmno, Majdanek, Sobibor, Treblinka), Auschwitz in Oberschlesien nach den Reichsgrenzen von 1939.

Nach Auschwitz und Majdanek wurden auch Nichtjuden deportiert. Der polnischen Öffentlichkeit wurde nach 1945 vorenthalten, dass 90% der Opfer in Auschwitz Juden und nicht christliche Polen gewesen waren. Viele starben auf den Transporten oder durch die Zwangsarbeit. Die Deportationen führten oft weit, teilweise bis ins Baltikum (Riga). Hier konnte die SS auf einheimische Kollaborateure zählen. Auch in den anderen Ländern, von Frankreich bis zum Balkan standen den Nazis willige lokale Helfer zur Verfügung. Das Vermögen der Deportierten wurde 1942 in Deutschland öffentlich durch die Finanzämter versteigert. Alle Ortseinwohner haben davon erfahren. 1942 wurde jeglicher Unterricht für jüdische Kinder verboten.
1943 löste die Gestapo die Reichsvereinigung offiziell auf. Allerdings existierte unter Dr. Moses Lustig am Jüdischen Krankenhaus in Berlin eine Rest-Reichsvereinigung, deren Wirken noch schlecht erforscht ist. Der Grundbesitz der jüdischen aufgelösten Gemeinden sollte nun zu einem möglichst hohen Preis an Private oder Kommunen verkauft werden. Meist handelte es sich dabei um das Synagogen- und das Friedhofsgrundstück. Das Reichssippenamt ließ Grabsteine bedeutender jüdischer Friedhöfe für Rasseforschungen fotografieren und die jüdischen Personenstandsregister einziehen.

Etwa 15 000–20 000 Juden leisteten militärischen Widerstand. Am 19. April 1943 kam es zum Getto-Aufstand in Warschau, im selben Jahr auch zu anderen Revolten in Bialystok, Sobibor, Lublin, Auschwitz und Wilna. In Warschau konnten sich die Aufständischen 19 Tage lang halten. Es kam zu einem grauenhaften Häuserkampf. 50 000 Menschen sind umgekommen.
Die Alliierten waren über die Vorgänge in Auschwitz gut informiert und ließen das Vernichtungslager am 26. Juni und 25. September 1944 aus der Luft fotografieren. Weshalb die Bahngleise in die Todeslager nicht bombardiert wurden, ist bis heute nicht geklärt.

Nach der Befreiung

1945 stellte sich heraus, das 90 % der polnischen und litauischen Juden, 85 % der tschechoslowakischen, 81 % der österreichischen, 78 % der 1939 in Deutschland lebenden, 75 % der ungarischen, 43 % aller Juden in der UdSSR ermordet worden waren. In Belgien waren es 24 %, in Frankreich auch etwa ein Viertel. Insgesamt ließen zwei Drittel der europäischen Juden ihr Leben.

Viele Überlebende starben an den Folgen der Lagerhaft nach der Befreiung. Alle trugen und tragen ***Traumata*** davon ***bis an ihr Lebensende.***

Mit der Befreiung der von den Nationalsozialisten besetzten Gebiete begann 1944 eine ***organisierte Flucht nach Palästina,*** die „Bricha". Die britische Weltmacht sah dies nicht gerne und versuchte die Schiffe mit Flüchtlingen vor dem Landen an der Küste Palästinas abzufangen. Die Aufgegriffenen wurden auf der Insel Zypern in Lagern untergebracht.

Europäisches Judentum 1945 bis heute

Die Folgen der Schoah waren schrecklich und spielen auch heute noch eine Rolle. Aus dem trotz aller internen Streitigkeiten blühenden jüdischen Zentrum Polens vor 1939 war ein Friedhof geworden. ***Zwei Drittel*** der europäischen Juden wurden ***ermordet.*** In Osteuropa war der Antisemitismus nicht kleiner geworden. In Polen, in der Provinzstadt Kielce, wurden 1946 Überlebende von den christlichen Nachbarn umgebracht, als sie an ihre Geburtsorte zurückkehrten. Eine große Fluchtwelle Richtung Westen war die Folge.

Die amerikanisch-jüdische Organisation „Joint" half nach 1945 den Überlebenden in Deutschland; hier: Berlin-Tempelhof.

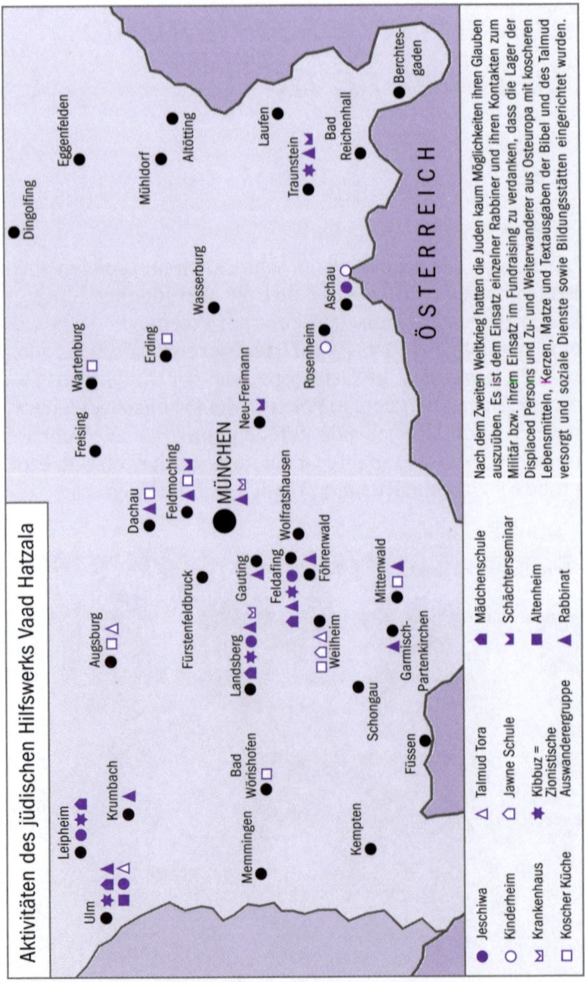

Dieser Kartenausschnitt zeigt die Aktivitäten des orthodoxen jüdischen Hilfswerk Vaad Hatzala.

1939 lebten 3,2 Mio. Juden in Polen, heute nur 5000. Während die nichtjüdischen Zwangsarbeiter zu ihren meist überlebenden Familien zurückkehren wollten, wussten die jüdischen ***Displaced Persons*** nicht wohin, denn sie hatten fast keine Angehörigen mehr.
In Osteuropa, insbesondere in der Union der Sozialistischen Sowjetrepubliken (UdSSR), wurde die Unterdrückung der jüdischen Kultur und die Bespitzelung der Religionspraxis weitergeführt. ***Stalin*** fuhr einen besonders scharfen Kurs und ließ einen Exponenten der jiddischen Kultur, den Schauspieler Schlomo Michoels, am 13. Januar 1948 in Minsk umbringen. Im Januar 1953 inszenierte Stalin einen ***Schauprozess*** gegen Ärzte jüdischer Herkunft. Mit Stalins Tod im März 1953 endete diese Politik. Es ist belegt, dass sein Nachfolger, Nikita Chruschtschow, von einer Quote für Juden in der KPdSU ausging. Die Kollektivierung der Wirtschaft zerstörte die wirtschaftliche Basis der jüdischen selbstständigen Geschäftsleute.
In einer Reihe von Schauprozessen wurden 1952/53 Juden in der ***Tschechoslowakei und in Ungarn*** angeklagt. In Prag wurden zehn Todesurteile vollstreckt. Der frühere Generalsekretär Rudolf Slansky, ein Kommunist jüdischer Herkunft, wurde exekutiert. Man unterstellte den Angeklagten Spionagetätigkeit für die USA und den Zionismus. Diese Politik verfolgte auch die ***DDR***: Juden wurden als „zionistische Agenten“ verhaftet. Einige flohen, die jüdische Gemeinschaft dort wurde bedeutungslos. 1989 gab es in der DDR nur noch etwa 400 Gemeindemitglieder.

Flucht nach Westeuropa

Aus ***Rumänien*** konnten Juden nach Israel auswandern. Allerdings musste der Staat Israel dafür Geld aufbringen. Die Zahl der rumänischen Juden betrug 1920 1 Mio., 1946 420 000 und im Jahr 2001 nur noch 10 000. Im mittleren Feld bewegen sich für das Jahr 2001 die Zahlen für die Juden in ***Belgien*** (31 000), ***Italien*** (29 600) und den ***Niederlanden*** ▶ S. 86

Straßburg

In der ehemaligen freien deutschen Reichsstadt wohnten im Mittelalter schon Juden. Sie wurden von dort, wie aus den meisten Orten, vertrieben. 1767 erst verschaffte sich Naftali Dow Cerfberr aus Medelsheim (Saarland) eine Liegenschaft in der Stadt. Cerfberr belieferte den französischen Hof und war der maßgebliche Repräsentant der elsässisch-lothringischen Juden in Frankreich. Sein Haushalt zählte immerhin 76 Personen.

In Elsaß-Lothringen wohnten um 1770 die meisten Juden Frankreichs.

1791, mit der Erteilung der Gleichberechtigung, durften Juden wieder in der Stadt wohnen. Sie wurde nun zum Hauptsitz des „consistoire israelite" des Unterelsass. Um 1900 lebten etwa 6000 Juden in dieser Stadt. Anstelle einer unauffälligen Synagoge wurde 1896 eine prächtige neue in neo-romanischen Formen errichtet.

Nach 1945 sammelten sich die Überlebenden. Der Philosoph André Neher, ein gebürtiger Elsässer, war eine wichtige Persönlichkeit des „renouveau juif", der religiösen Rückbesinnung unter den jüdischen Intellektuellen französischer Kultur.

Neuaufbau der jüd. Gemeinde nach der Schoah

In den 1960er Jahren zogen viele Juden aus Algerien zu. Heute leben etwa 14 000 Juden in Straßburg, mehr als in Berlin, der größten jüdischen Gemeinde in Deutschland. Etwa 40% von ihnen stammen aus dem Maghreb. Das jüdische Leben ist intensiver als in den drei deutschen Großgemeinden Berlin, München und Frankfurt zusammen. Das ganze Spektrum jüdischer Religiosität ist vertreten, von chassidischen und anderen orthodoxen Gruppen zur deutschen modernen Orthodoxie, zu algerischen Juden und einer kleinen liberalen Betgemeinschaft. Wieder gegründet wurde auch die „Société d'Histoire des Israelites d'-Alsace et de Lorraine“, die wichtige Tagungen organisiert.

Die Straßburger Synagoge im neo-romanischen Stil aus dem Jahr 1896 wurde im Zweiten Weltkrieg zerstört. In den 1950er Jahren baute die jüdische Gemeinde eine neue Synagoge in der Avenue de la Paix.

(26 500). In der ***Schweiz*** leben 17 000 Juden, in ***Österreich*** 9000. Bernard Wasserstein schätzt die Zahl der europäischen Juden im Jahr 2001 auf nur noch 1,555 Mio. ein, was etwa zehn Prozent der jüdischen Weltbevölkerung ausmacht. Bis 1939 war die europäisch-jüdische Gruppe mit 9,6 Mio. mit Abstand die größte in der Welt (14 Mio.)

Von 1970 an begann eine ***Auswanderungswelle aus der UdSSR*** nach Israel und den USA, die sich nach 1989 dramatisch verstärkte. 1946 wohnten noch 2 Mio. Juden in der UdSSR, 2001 waren es in der GUS noch 400 000. ***Aus Ungarn***, wo 1946 145 000 Juden gelebt hatten, setzten sich 1956 Zehntausende ab. 2001 wurden dort noch 50 000 Juden gezählt. Auch die Juden in der ***Tschechoslowakei*** nahmen von 1947 55 000 auf 6 100 im Jahr 2001 ab. Das einstige demographische Schwergewicht Osteuropa verlor seine Bedeutung.

Nach Frankreich (1947: 225 000) wanderten Juden ***aus dem Maghreb*** zu, allen voran algerische Juden, die schon seit 1870 französische Staatsbürger waren. Algerien war bis in die 1960er Jahre eine französische Kolonie. Sie waren der französischen Kultur auch sehr zugetan. Traditionellere Familien stammten aus Tunesien und Marokko. Die nordafrikanischen Juden wurden nun zu einer bedeutenden Gruppe in Frankreich. Heute sind die französischen Juden mit etwa 520 000 Personen die größte Gruppe in Europa. Erst danach folgen die Gruppen in der GUS, deren Zahl heute auf vierhunderttausend geschätzt wird. In Großbritannien leben etwa 274 000 Juden. Hier spitzten sich die Auseinandersetzungen zwischen orthodox geführten und liberalen Gemeinden zu. Die Liberalen fanden mehr Anhänger, insgesamt aber nahm die Zahl der englischen Juden um 100 000 ab.

Jüdisches Leben in Deutschland nach 1945

Gerade für Deutschland ist eine Diskontinuität der jüdischen Bevölkerung zu beobachten. Durch die Flucht der jüngeren Generation bis 1941 blieben ältere Menschen zurück. Einige

Die jüdischen Gebetlokale in der Nachkriegszeit waren meist sehr einfach. Viele Juden fühlten sich in Deutschland wie auf „gepackten“ Koffern.

tausend konnten im Untergrund, als Zwangsarbeiter, ganz wenige in den Todeslagern überleben. Ihre Zahl wird auf 5000 geschätzt. Bedingt durch die Krise in Osteuropa flohen an die 260 000 Juden um 1946/47 nach Deutschland. Von diesen blieben etwa 20 000 nach 1953. Allerdings gab es viel Wechsel. Die Auswanderungswellen aus Ungarn von 1956 und der Tschechoslowakei 1968 führten einige hundert Familien nach Deutschland. Andere zogen weg in die USA und nach Israel. Die Zahl der Juden in Deutschland pendelte zwischen 1950 und 1989 immer um 25 000.
1989 und später war von einer starken Überalterung die Rede. Nach außen repräsentierten oft Funktionäre deutsch-jüdischer Herkunft (Heinz Galinski, Werner Nachmann, in Nordrhein-Westfalen Kurt Grünwald). In den 1960er Jahren entstanden ***jüdische Grundschulen*** in München und Frankfurt, in den 1980er Jahren auch in Berlin, wo zugleich eine jüdische Oberschule ins Leben gerufen wurde. Die Mitglieder polnischer Herkunft setzten sich allmählich in der Gemeindepolitik durch.

1979 wurde die ***Hochschule für Jüdische Studien in Heidelberg*** eingerichtet. Sie wurde von den inzwischen etablierten Judaistik-Professoren kritisch beäugt. 1994 erhielt sie das Promotionsrecht, 2001 beschloss die Regierung Baden-Württembergs, an ihr die jüdische Religions-Lehrerbildung einzurichten. Zum ersten Mal in der deutschen Geschichte wird diese nun der christlichen gleichgestellt.
In ***vielen kleinen Gemeinden in Deutschland*** kam in den 1980er Jahren nicht einmal mehr die Minimalzahl von 10 erwachsenen Männern für einen Gottesdienst zusammen. Als sich nach 1989 Osteuropa öffnete, nahm Deutschland bis heute ***viele jüdische Kontingentflüchtlinge*** auf (etwa 75 000 in 12 Jahren), die allerdings im Rahmen der Zuwanderung der Aussiedler aus den russischen Staaten insgesamt nur eine kleine Gruppe ausmachen. Trotzdem ist die Zahl der Juden in der Bundesrepublik auf 100 000 gestiegen. Weitere 150 000 sind als Ausreisewillige bei den deutschen Konsulaten in der GUS gemeldet. Aber es gibt auch immer noch den Judenhass, der sich vor allem in den 90er Jahren in ***Friedhofsschändungen*** äußerte.

Schändung des jüdischen Friedhofs in Schwäbisch-Hall-Steinbach wenige Tage nach dem Besuch ehemaliger jüdischer Bürger in der Stadt im Jahr 1991

Schadenersatz oder „Wiedergutmachung“

Die Alliierten hatten 1948 von den deutschen Ländern die Zahlung von Schadenersatzleistungen an Juden für die erlittene Verfolgung, die Zerstörung von Karrieren, den Verlust von Grundstückseigentum und beweglichen Gütern verlangt. In einem komplizierten Verfahren wurde nach 1952 ein ***Bundesentschädigungsgesetz*** mit einigen Nachbesserungen erlassen, sodass schließlich auch Emigranten Ersatzleistungen in Anspruch nehmen durften. Oft wurden die Schäden und Verluste nur teilweise ersetzt. Die deutsche Öffentlichkeit lehnte diese so genannte ***Wiedergutmachung,*** im Gegensatz zum Lastenausgleich für die aus dem Osten vertriebenen Flüchtlinge, ab.
Aus vielen Meinungsumfragen der 1950er bis 1970er Jahre ging hervor, dass damals um 60 % der Deutschen der Auffassung waren, „die Juden hätten schon genug Geld erhalten“. Die Debatte um die Wiedergutmachung flammte um das Jahr 2000 noch einmal auf, als amerikanische Anwälte ehemalige deutsche Zwangsarbeiter vertraten und von den Firmen, für die diese gearbeitet hatten, eine Entschädigung verlangten. Es hat etliche Jahre zäher Verhandlungen gebraucht, um sich auf die Summe zu einigen, und es war nicht leicht die Firmen von der zwingenden Notwendigkeit dieser Zahlungen zu überzeugen.

Ambivalentes Verhalten in der Schweiz

Die jüdische Bevölkerung der Schweiz blieb vom Massenmord verschont, doch setzte sich die Fremdenpolizei dafür ein, dass die Flüchtlinge nach 1945 aus der Schweiz wegwanderten. Auch hier durften sich ein paar hundert ungarische und tschechische Juden niederlassen. Von ***1973*** an erhielten einige ***jüdische Gemeinden*** die öffentlich-rechtliche ***Anerkennung*** (Basel, Fribourg, Bern/Biel, St. Gallen). Viele Juden erhielten nach 1945 Zugang zu Stellungen, die ihnen vorher verschlossen waren. Die Debatte über die Flüchtlingspolitik der Schweiz setzte zu verschiedenen Zeiten ein (1953–57, 1967 f., 1993 ff.) und gipfelte in den 1990er Jahren in einer Entschuldigung des Bundesrates für die harte Flüchtlingspolitik – die Schweiz hatte 1933–45 etwa 30 000 Juden an den Grenzen zurückgewiesen – und in einem Abkommen der schweizerischen Bankiervereinigung mit Vertretern von Geschädigten. Es war schon jahrzehntelang vorher bekannt gewesen, dass viele Banken formaljuristische Einwände erhoben hatten, wenn Nachkommen von Opfern Konten in der Schweiz auflösen wollten. So wurden von in Auschwitz Ermordeten amtliche Totenscheine verlangt, die es nie gab. Hohe Gebühren sollten viele von Nachforschungen abschrecken. Weiter stellte sich heraus, dass nach einer seriösen Forschung in den 1990er Jahren plötzlich viel mehr nachrichtenlose Konten auftauchten, als vorher angegeben worden war. Diese Affäre hat allerdings nicht den Antisemitismus beseitigt, sondern antijüdische Ressentiments reaktiviert.

Opfermythos und Neuanfang in Österreich

Ähnlich zögerlich verhielt sich die österreichische Politik in der Frage der Rückerstattungen. Von einem Minister wird das böse Wort überliefert, dass er dafür war, die Debatte um die Entschädigung „in die Länge zu ziehen", damit möglichst viele Opfer vor der Auszahlung verstorben wären. Der Opfermythos Österreichs („Wir waren das erste Opfer Hitlers") verhinderte über Jahrzehnte eine ***Debatte über die eigene Verstrickung.*** Bei Wahlkämpfen stellte sich heraus, dass sich für einige Politiker das Spiel mit antisemitischen Gefühlen wahltaktisch auszahlte. In Österreich kamen zu den Überlebenden auch ***Zuwanderer aus Osteuropa.*** Die mit Abstand größte Gemeinde bildete sich in Wien, wo es auch ein jüdisches Gymnasium gibt, das erste im deutschsprachigen Raum nach 1945. Auch in anderen Ländern setzte eine Debatte über das Verhalten in der NS-Zeit ein, so etwa in Schweden, den Niederlanden und Frankreich.

Gleichstellung von Männern und Frauen im Westen

Nach der Schoah dauerte es einige Jahrzehnte, bis die Diskussion um eine Gleichstellung von Frauen und Männern im Rabbiner- und Kantorenamt wieder einsetzte und das zuerst im angelsächsischen Bereich in den 1970er Jahren. Die liberale und die konservative Strömung im Judentum beschlos-

Obwohl im liberalen Judentum kaum Gebetsriemen getragen wurden, griffen einige Frauen auf der Tagung Bet Debora diese Tradition wieder auf.

sen die ***Gleichstellung von Mann und Frau in der Rabbiner- und Kantorenausbildung.*** Heute sind an den entsprechenden Hochschulen mehr Frauen als Männer in Ausbildung. Im Gottesdienst wurden die Frauen von den 1960er Jahren in den beiden Strömungen fast allerorts voll gleichgestellt. Die Verhältnisse in Europa waren dagegen viel konservativer, wenn man etwa von England absieht. Im deutschsprachigen Raum entstand erst 1978 eine jüdische Gemeinde mit Gleichstellung der Frau, die Jüdische Liberale Gemeinde Or Chadasch von ***Zürich.*** In Deutschland wirkte vor allem das Vorbild der amerikanisch-jüdischen Militärgemeinden mit egalitärem Gottesdienst. In den 1990er Jahren bildeten sich hier außer- und innerhalb der bestehenden Gemeinden ***liberale und konservative Gruppen.*** Sogar eine „Frau Rabbiner" wurde mit der Schweizerin ***Bea Wyler*** nach Oldenburg berufen, was in der Männerbastion des Zentralrats der Juden in Deutschland erhebliche Verunsicherung auslöste. Allerdings schon nach 1950 war die SPD-Bundestagsabgeordnete ***Jeanette Wolff*** Mitglied des Zentralrats gewesen. Inzwischen ist mit ***Charlotte Knobloch*** eine Frau ins neue Präsidium aufgestiegen, der man Chancen für das Präsidentenamt einräumt. Die Frauengruppe „Bet Debora" organisierte in Berlin Kongresse zu innerjüdischen Frauenfragen mit internationaler Beteiligung.

Im konservativen Frankreich setzt sich diese Tendenz auch allmählich durch und in Osteuropa bildeten sich nach 1989 einige, wenn auch noch wenige, egalitäre Gemeinden. Die Orthodoxie versuchte sich dagegen zu wehren, doch gibt es inzwischen orthodoxe Frauengruppen, die die ***Tradition der mittelalterlichen Frauengottesdienste*** aufgreifen und hier im rein weiblichen Rahmen sogar Frauen zum Vorlesen aus der Tora aufrufen, was in dieser Weise (ohne Präsenz von Männern) religionsgesetzlich nicht verboten ist.

Die Existenz der heutigen jüdischen Gemeinden in Europa (Sozialbetreuung, Kindergarten, Religionsunterricht, Verwaltung etc.) – auch der orthodoxen – wäre ohne die Mitarbeit der Frauen nicht vorstellbar.

Hat das europäische Judentum eine Zukunft?

Nach der großen Auswanderung ist die Zahl der europäischen Juden noch kleiner geworden, als sie es durch den Massenmord an den europäischen Juden bis 1945 geworden war. Die Überlebenden sind besser integriert, die Gemeinden besser anerkannt und das jüdische Leben in Osteuropa konnte sich nach 1989 entschieden freier entfalten. Allerdings brachte diese neue Freiheit auch eine massive Auswanderung mit sich. Ob der negative Trend gestoppt werden kann, ist schwer zu sagen, da man die politische Entwicklung in Ost- und Westeuropa nicht vorhersehen kann. Vom Engagement für das Gemeindeleben kann gesagt werden, dass

Früh üben sich diese Kinder im jüdischen Kindergarten in Wroclaw (Breslau) im Hebräischlesen.

sich wie in Amerika eine Verdichtung abzeichnet. Einige engagieren sich sehr stark.
Heute sind auch viel mehr Juden in den „Jüdischen Studien" in Europa präsent als noch vor vierzig Jahren, andere distanzieren sich immer mehr von der jüdischen Gemeinschaft und lösen ihre Verbindungen teilweise ganz. Ob das europäische Judentum die Kraft hat, diese Tendenz aufzufangen, die es auch unter den Juden der USA und in Form einer starken Säkularisierung auch in Israel gibt, wird sich zeigen. Das vermehrte Interesse an der europäisch-jüdischen Geschichte in der nichtjüdischen Öffentlichkeit – man denke an den neuen europäischen Tag des jüdischen Denkmals im September – wird sich auch auf die Juden selbst auswirken.

Anhang

Zeittafel

63 v. Chr.	Juden kommen als Sklaven vom Land Israel nach Rom
2.–6. Jh.	Jüdische Katakomben in Rom, Juden leben in Süditalien, Südfrankreich, Südspanien
212	Juden werden im Rahmen einer Rechtsreform gleichberechtigte römische Bürger
324	Kaiser Konstantin nimmt das Christentum an, das zur Staatsreligion wird
321/331	Rechtsquelle zu Juden in der Colonia Agrippina (= Köln)
4. Jh.	Fingerring mit siebenarmigem Leuchter (Menora) in Augusta Raurica (bei Basel)
4./6.Jh.	Allmählicher Niedergang des Rechtsstatus der Juden durch Einfluss der Kirche
um 500	Abschluss der Redaktion des Talmud
8. Jh.	der Islam erobert weite Teile des Röm. Reiches, auch Spanien
9./10. Jh.	Jüd. Fernhändler durchqueren Europa
10./12. Jh.	Blütezeit der Juden in Spanien („Sfarad“)
950–1000	Juden in den Rheingemeinden Worms und Mainz, Rabbenu Gerschom erlässt wichtige Verordnungen, der „aschkenasische“ Ritus entsteht
1096	Erster Kreuzzug: Jüd. Opfer
um 1080	der Gelehrte Raschi lehrt in Worms und Troyes
1170–1204:	Moses Maimonides lehrt in Kairo
1200	Die „Frommen von Aschkenas“ angeleitet durch Juda he-Chassid aus Regensburg

1215	Kirche drängt auf Absonderung der Juden aus der Gesellschaft (Lateran-Konzil)
1236	Juden werden kaiserliche „Kammerknechte“ im Deutschen Reich
1264	Der polnische König Boleslaw der Fromme erlässt ein Statut zur Ansiedlung von Juden
1290	Vertreibung der Juden aus England
1298	Verfolgungen unter Leitung von Rindfleisch mit Schwerpunkt Franken (Hostienschändungs-Unterstellung), Ritualmordunterstellung fordert jüd. Opfer
1348/50	Beulenpest/„Schwarzer Tod“: massive Verfolgungen von Juden (Brunnenvergiftungsunterstellung), in reduziertem Masse erneute Gemeindegründungen, Schwerpunkt verlagert sich nach Osteuropa
14. Jh.	Drei Vertreibungen in Frankreich
1391	Pogrom von Sevilla: „Conversos“ (= unter Druck getaufte Juden) werden Massenerscheinung
15. Jh.	Scharfe antijüdische Predigten, Vertreibung der Juden aus den meisten deutschen Reichsstädten (1519 Regensburg)
1492	Vertreibung der Juden aus Spanien, 1496 Portugal, Ansiedlung der Flüchtlinge in Nordafrika, Italien und im Osmanischen Reich
16. Jh. und danach:	Landjudentum entsteht im Deutschen Reich
1520/44	Joselmann von Rosheim setzt sich für seine Glaubensgenossen ein, u. a. auch gegen die Reformatoren Martin Bucer und Martin Luther
16.Jh.–1648:	Blütezeit der Juden in Polen und der Gemeinde in Prag
16. Jh.	Blütezeit der norditalienischen Gemeinden (bes. Mantua)
nach 1555	Ghettoisierung in Italien (Ferrara, Mantua, Venedig) außer in Livorno

1580	Schaffung der jüdischen „Vierländersynode" (Selbstverwaltungsorgan, bis 1764/65) in Polen
1648	Kosaken-Aufstand in Polen; viele Juden werden ermordet
1600/1656	Ansiedlung von sephardischen Juden in Amsterdam, Hamburg und London
1666	Pseudomessias Schabtai Zwi tritt in Istanbul zum Islam über
1750/80	Ausbreitung des Chassidismus in Polen, Gegner in Litauen (Elija Gaon aus Wilna)
1743–86	Moses Mendelssohn wirkt in Berlin: Jüd. Aufklärung (Haskala)
1781	Ch.W. Dohm schreibt über die „Bürgerliche Verbesserung der Juden"
1791	Emanzipation der Juden in Frankreich
1796	Emanzipation in den Niederlanden
1809/13	Edikte zur Verbesserung der Rechtslage der Juden in Baden, Preußen und Bayern, Juden werden militärdienstpflichtig, erhalten aber nicht gleiche Rechte
1814	Reaktion: Rücknahme von Verbesserungen in Preußen
1819	Unruhen gegen Juden in Deutschland
1827–48	Eingaben von Juden mit Bitte um Rechtsgleichheit
1820/45	Aufbau eines modernen jüdischen Volksschulwesens in Deutschland
1837	„Allgemeine Zeitung des Judentums" kommt heraus (Red. Rabbiner Ludwig Philippson (bis 1888), existiert bis 1922), wird Vorbild für die europäisch-jüdische Presse
1844/45	Ausdifferenzierung der drei modernen religiösen Strömungen im deutschsprachigen Judentum: modern-orthodox, konservativ und liberal, Kopie dieses Musters durch die Auswanderer in den USA
1833	Emanzipation Belgien

1835	Weitgehende Gleichstellung in England
1848	Unruhen gegen Juden in Deutschland, im Elsass und in Österreich-Ungarn, König von Sardinien-Piemont für Gleichstellung, ebenso das Paulskirchenparlament in Frankfurt
1850	Rücknahme rechtlicher Verbesserungen für Juden in Deutschland
1850/80	Jüd. Aufklärung breitet sich in Russland unter der jüd. Intelligenz aus, im orthodoxen Milieu in Litauen: Mussar-Bewegung (Ethik)
1860–71	Gleichstellung der Juden in den deutschen Staaten und im Deutschen Reich
1867	In Österreich-Ungarn, Verstädterung, soziale Mobilität, Verweltlichung
1879	Gleichstellung in der Schweiz (Ortsbürgerrechte)
1881/82	Pogrome im Zarenreich: Idee einer Ansiedlung im Land Israel („Zionsliebe“, Chibat Zion), erste kleine Niederlassungen in Palästina
1893	Erfolg von Antisemiten-Parteien im deutschen Reichstag, Gründung des „Centralvereins der deutschen Staatsbürger jüdischen Glaubens“ (Rechtsschutz, Interessenvertretung)
1894	Dreyfus-Affäre in Frankreich, danach Trennung von Staat und Religion
1897	Zionistenkongress in Basel, Gründung des „Bundes“ in Wilna (soz. Bewegung auf Basis der jiddischen Kultur, Integration als nationale Minderheit in Osteuropa)
1905	Religiöser Zionismus entsteht („Misrachi“)
1912	Die antizionistische Orthodoxie formiert sich in der „Agudat Israel“
1912/13	Heftige Kontroverse zwischen „Centralverein“ und „Zionistischer Vereinigung für Deutschland“ über die Frage der Auswanderung nach Palästina; Ausschluss vieler Juden aus großen Teilen des deutschen „Wandervogels“

1917	Der engl. Außenminister Balfour anerkennt den Zionismus und sein Ziel, im Gebiet Palästina zu siedeln; andere englische Politiker versprechen den Arabern Gebiete in dersselben Region
1917	Gleichstellung der Juden in Russland
1919	Minderheitenrechte für Juden in Osteuropa bei Friedenskonferenz zugesichert, aber kaum verwirklicht, Aufbau eines jüdischen Schulwesens in Polen mit unterschiedlicher ideologischer Ausrichtung, 1920 Lehrhausbewegung: Franz Rosenzweig
1933	Machtergreifung in Deutschland, Boykott gegen jüd. Geschäfte, Entlassung jüd. Beamter, autoritäre Regimes in Polen, Ungarn, Rumänien erlassen
bis 1939	antijüdische Vorschriften, Boykotte, Judenbänke an Universitäten, Übergriffe
1935	Nürnberger Rassegesetze, Verdrängung der Juden aus der Wirtschaft („Arisierung")
1938, 9./10. Nov.	Übergriffe auf Synagogen, Geschäfte, Verhaftung und Ermordung von Menschen: „Reichskristallnacht"
1940	Deportationen (bis 1945), Ghettoisierung der Juden in Polen
1941	Beginn der massenhaften Vergasungen in Vernichtungslagern (Auschwitz)
1942	Wannseekonferenz: „Endlösung der Judenfrage" geplant
1942	Massive Proteste in der Schweiz gegen die abweisende Flüchtlingspolitik des Bundesrates gegen Juden
1943	Aufstände in Vernichtungslagern und Gettos (Warschau)
1945	Befreiung Europas vom nationalsozialistischen Regime. Ergebnis: 6 Mio. Juden, das sind zwei Drittel aller europäischen Juden, wurden ermordet.

1945 ff.	Wiederaufbau der übrig gebliebenen Gemeinden, Auswanderung in die USA und ins britisch verwaltete Palästina
1945/46	Jüdische Staatenlose strömen nach Deutschland in die amerikan. Zone
1948	Gründung des Staates Israel
1950	Gründung des Zentralrats der Juden in Deutschland
1952	Luxemburger Abkommen zur Schadenersatzleistung der Bundesrepublik an die verfolgten Juden
1953	Prozesse gegen jüdische Kommunisten in der UdSSR, der CSSR und in Ungarn, Verhaftungen von Juden in der DDR
1953–57	Erste Debatte in der Schweiz über die Flüchtlingspolitik
1956/1968	Juden flüchten aus Ungarn und der Tschechoslowakei in den Westen
1979	Ausstrahlung des Filmes „Shoah" führt zu einer breiteren Auseinandersetzung über den Massenmord an den europäischen Juden
1989	Umbruch in Osteuropa, 75 000 Juden wandern nach Deutschland aus (bis 2002), 150 000 haben ein Visum beantragt
1989	Erneuerung jüdischen Lebens in Budapest und der GUS, große Abwanderung nach Israel und in die USA
Nach 1989:	In Westeuropa: Debatten über das Verhalten gegenüber der NS-Politik in Frankreich, Italien, den Niederlanden, Belgien, Schweden, Polen, den baltischen Staaten, Österreich und der Schweiz
2003	1,5 Mio. Juden leben in Europa (1939: 9,6 Mio.)

Informationsquellen für die Vorbereitung von Referaten

Nachschlagewerke und Einstieg

Jüdisches Lexikon (5 Bde. 1927–31, Nachdruck 1981)
Encyclopaedia Judaica. Das Judentum in Geschichte und Gegenwart (10 Bde. Berlin 1928–34) Nur bis zum Stichwort Lyra.
Encyclopaedia Judaica (16 Bde., Jerusalem 1971/72) + CD-ROM Version.
Neues Lexikon des Judentums, Gütersloh 1998.
Für das Mittelalter bis 1519: „Germania Judaica“ Tübingen 1964 ff.
Für Europa: Bestandskatalog I, Regional- und Lokalgeschichte der Bibliothek Germania Judaica in Köln zur Sekundärliteratur bis 1988 (1988).

Überblicksdarstellungen für Europa

Battenberg, Friedrich: Das Europäische Zeitalter der Juden. Zur Entwicklung einer Minderheit in der nichtjüdischen Umwelt Europas, 2 Bde., Darmstadt, 2. Aufl. 2000.
Elbogen, Ismar: Ein Jahrhundert jüdischen Lebens. Die Geschichte des neuzeitlichen Judentums (1848–1939), Frankfurt am Main 1967.
Schoeps, Julius (Hg.): Handbuch zur Geschichte der Juden in Europa, 2 Bde., Darmstadt 2001.

Einführungen in die Sekundärliteratur zur Geschichte der Juden in Deutschland

Toch, Michael: Die Juden im mittelalterlichen Reich, München 1998.
Battenberg, Friedrich: Die Juden in Deutschland vom 16. bis zum Ende des 18. Jahrhunderts, München 2001.
Volkov, Shulamit: Die Juden in Deutschland 1780–1914, München 1994.
Zimmermann, Moshe: Die Juden in Deutschland 1914–1945, München 1997.
Maurer, Trude: Die Entwicklung der jüdischen Minderheit in Deutschland (1780–1933). Neuere Forschungen und offene Fragen, Tübingen 1992.

Atlanten zur europäisch-jüdischen Geschichte

Beinart, Chaim: Geschichte der Juden. Atlas der Verfolgung und Vertreibung im Mittelalter, Augsburg 1998.
Friesel, Evyatar: Atlas of Modern Jewish History, Oxford 1988.

Quellen

Schoeps, Julius H./Wallenborn, Hiltrud (Hg.): Juden in Europa. Ihre Geschichte in Quellen. Von den Anfängen bis zum Ende des Mittelalters, Darmstadt 2001.
Adler, Marcus Nathan: The itinerary of Benjamin of Tudela, ND: Frankfurt am Main 1995.
Borchardt, Wolfgang: Jüdisches Leben in christlicher Umwelt, Ein historischer Längsschnitt, Frankfurt am Main 1991.
Höxter, Julius: Quellenbuch zur jüdischen Geschichte und Literatur, Frankfurt am Main 1927–32, 2 Bde., Nachdruck Moroscha-Verlag: Zürich 1983.
Stemberger, Günter: Die Juden: Ein historisches Lesebuch, München 1991.
Neubauer, Adolf; Stern, Moritz: Hebräische Berichte über die Judenverfolgungen während der Kreuzzüge, Berlin 1892.
Richarz, Monika: Jüdisches Leben in Deutschland. Selbstzeugnisse zur jüdischen Sozialgeschichte ausgewählt, 3 Bde., Zeitraum: 1780–1945, Stuttgart 1979–82.

Ausführliche Bibliografie zur Geschichte der deutschsprachigen Juden

Leo Baeck Institute Year Book, London 1956 ff.

Landesbibliografien

Baden-Württemberg: Hahn, Joachim: Erinnerungen und Zeugnisse jüdischen Lebens in Baden-Württemberg, Stuttgart 1988.
Sauer, Paul: Die jüd. Gemeinden in Württemberg und Hohenzollern, Stuttgart 1966.
Hundsnurscher, Franz; Taddey, Gerhard: Die jüdischen Gemeinden in Baden, Stuttgart 1968.

Bayern: Wiesemann, Falk, Bibliographie zur Geschichte der Juden in Bayern, München 1989.

Frankfurt: Schembs, Hans-Otto: Bibliographie zur Geschichte der Frankfurter Juden 1781–1945, Frankfurt 1978.

Hamburg: Studemund, Michael: Bibliographie zur Geschichte der Juden in Hamburg, München 1994.

Hessen: Eisenbach, Ulrich: Bibliographie zur Geschichte der Juden in Hessen, Wiesbaden 1992.

Niedersachsen: Ries, Rotraud: Literatur zur Geschichte der Juden in Niedersachsen seit 1945, Teil 1, in: Aschkenas. Zeitschrift für Geschichte und Kultur, Bd. 3 (1993), S. 239–266, Teil 2, in: ebd., Bd. 4/2 (1994), S. 489–517.

Pfalz: Gerlach, Bernhard H.: Bibliographie zur Geschichte der Juden in der Pfalz, in: Kuby, Hans Alfred (Hg.): Juden in der Provinz, Neustadt 1988, S. 241–325, und:
Nachträge, in: Kuby, Hans A.(Hg.): Pfälz. Judentum gestern und heute, Neustadt 1992, S. 401–441.

Neue Bundesländer: Brocke, Michael: Stein und Name. Die jüdischen Friedhöfe in Ostdeutschland (neue Bundesländer und Berlin), Berlin 1994.

Nordrhein-Westfalen: Brocke, Michael: Feuer an dein Heiligtum gelegt. Zerstörte Synagogen 1938 Nordrhein-Westfalen, Bochum 1999. (Beide Bücher Brockes enthalten wertvolle bibliografische Angaben zur Lokalgeschichte.)

Schlesien: Heitmann, Margret, Reinke, Andreas: Bibliografie zur Geschichte der Juden in Schlesien, München 1995.

Schweiz: Kaufmann, Uri R.: Bibliografie zur Geschichte der Juden in der Schweiz, München 1993.

Biografien

Große Jüdische National-Biographie in sieben Bänden von Salomon Wininger (Czernowitz/Cernauti 1926–36, ND: Nendeln 1976)

Zeitungen

„Jüdische Allgemeine Wochenzeitung“ (Berlin)
„Tachles“ (Zürich)
„American-Jewish Yearbook“ (New York)

Einige Standardwerke zu den großen Themen dieses Buches

Sfarad: Spanien und Portugal im Mittelalter

Ashtor, Eliyahu: The Jews in Muslim Spain, New York 1973.
Bär, Fritz Yitzhak: A History of the Jews in Christian Spain, 2 Bde., Philadelphia 1981
Leroy, Béatrice: Die Sephardim. Geschichte des iberischen Judentums, München 1987.

Aschkenas: Deutschland-Frankreich im Mittelalter

Breuer, Mordechai: Prolog: Das jüdische Mittelalter, in: Deutsch-Jüdische Geschichte in der Neuzeit, München 1996, S. 15–82.

Blumenkranz, Bernard. Histoire des Juifs en France, Toulouse 1973.
Reuter, Fritz: Warmaisa. 1000 Jahre Juden in Worms, Frankfurt am Main 1987.
Metzger, Thérèse; Metzger, Mendel: Jüd. Leben im Mittelalter nach illuminierten hebräischen Handschriften des 13. bis 16. Jahrhunderts, Fribourg/Würzburg 1983.
Caro, Georg: Sozial- und Wirtschaftsgeschichte der Juden im Mittelalter und der Neuzeit, 2 Bde., ND: Hildesheim 1964.

Deutschland
Herzig, Arno: Jüdische Geschichte in Deutschland. Von den Anfängen bis zur Gegenwart, München 1997.
Deutsch-jüdische Geschichte in der Neuzeit, Hg. Meyer, Michael A.; Brenner, Michael, 4 Bde., München, 1997/98, Tb-Ausgabe 2002.

England
Roth, Cecil: A History of the Jews in England, Oxford 1964.

Polen-Russland in der Neuzeit
Dubnow, Simon: Weltgeschichte des jüdischen Volkes, Bde. 6–10, Berlin 1927–29.
Ders.: History of the Jews in Russia and Poland. From the earliest Times to the Present Day, 3 Bde., Philadelphia 1916–20.
Ders.: Geschichte des Chassidismus, ND: Königstein 1982.
Eisenbach, Artur: The Emancipation of the Jews in Poland 1780–1870, Oxford 1991.

Frankreich
Benbassa, Esther: Histoire des Juifs de France, Paris 2000. dt. Übersetzung: Geschichte der Juden in Frankreich, Berlin 2000.

Italien
Starr, Joshua: Jews in the Byzantine Empire 641–1204, Athen 1939.
Calimani, Ricardo: Die Kaufleute von Venedig. Die Geschichte der Juden in der Löwenrepublik, Düsseldorf 1988.

Geistesgeschichte
Graupe, Heinz Mosche: Die Entstehung des modernen Judentums, Hamburg 1969.
Meyer, Michael A.: Antwort auf die Moderne. Geschichte der Reformbewegung im Judentum, Wien/Köln 2000.
Scholem, Gershom: Die jüdische Mystik in ihren Hauptströmungen, Frankfurt am Main 1980.
Breuer, Mordechai: Jüdische Orthodoxie im Deutschen Reich, Frankfurt am Main 1986.

Sozialgeschichte
Baron, Salo W.: A Social and Religious History of the Jews, 16 Bde., New York/Philadelphia 1952–66.
Toury, Jacob: Soziale und politische Geschichte der Juden 1847–1871, Düsseldorf 1973.
Ruppin, Arthur: Soziologie der Juden, 2 Bde., Berlin 1930/31.
Schmelz, Oskar Usiel: Die demographische Entwicklung der Juden in Deutschland von der Mitte des 19. Jahrhunderts bis 1933, in: Zeitschrift für Bevölkerungswissenschaft 1982, S. 31–72.
Eliav, Mordechai: Jüdische Eziehung in Deutschland im Zeitalter der Aufklärung und Emanzipation, Münster 2001.
Schochat, Asriel: Der Ursprung der jüdischen Aufklärung in Deutschland, Frankfurt 2000.

Judenfeindschaft/Antisemitismus
Graus, Frantisek: Pest – Geissler – Judenmorde. Das 14. Jahrhundert als Krisenzeit, Göttingen 1987.
Berding, Helmut: Moderner Antisemitismus in Deutschland, Frankfurt 1995.
Poliakov, Léon: Geschichte des Antisemitismus, 5 Bde., Worms/Königstein 1978–81.
Greive, Hermann: Geschichte des modernen Antisemitismus in Deutschland, Darmstadt 1983.
Yahil, Leni: Die Shoah. Überlebenskampf und Vernichtung der europäischen Juden München 1998.
Friedländer, Saul: Das Dritte Reich und die Juden. Bd.1: Die Jahre der Verfolgung 1933–39, München 1998.
Hilberg, Raul: Die Vernichtung der europäischen Juden, Frankfurt 1982.

Emigration in die USA
Trepp, Leo: Die amerikanischen Juden. Profil einer Gemeinschaft, Stuttgart 1991.
Hertzberg, Arthur: Shalom Amerika! Die Geschichte der Juden in der Neuen Welt, München 1992.

Europäisches Judentum 1945 bis heute
Benbassa, Esther, Attias, Jean Christophe: Haben die Juden eine Zukunft? Ein Gespräch über jüdische Identitäten, Zürich 2002.
Brenner, Michael: Nach dem Holocaust. Juden in Deutschland 1945–1950, München 1995.
Broder, Henryk M. (Hg.): Fremd im eigenen Land. Juden in der Bundesrepublik, Frankfurt am Main 1979.
Wasserstein, Bernard: Europa ohne Juden, Reinbek 2001.

Internet-Adressen

Gemeinden BRD:
www.zentralratdjuden.de – Spitzenorganisation der jüd. Gemeinden in Deutschland

Gemeinden Schweiz:
www.swissjews.org – Schweizerischer Israelitischer Gemeindebund
Adressliste aller jüd. Gemeinden der Schweiz und deren Links
www.icz.org Größte und älteste Gemeinde in Zürich (gegr. 1862)

Gemeinden Österreich:
www.ikg-wien.at – Israelitische Kultusgemeinde Wien

Gemeinden England: United Synagogues of Great Britain
Board of Deputies (Landesverband)
www.masorti.org.uk – konservative Dachorganisation
www.reformjudaism.org.uk – liberale Dachorganisation

Gemeinden Frankreich: Conseil representatif des Institutions Juives de France
www.crif.org/index.php – Diese Seite bietet Links zu vielen Jüd. Organisationen Frankreichs.

Gemeinden Italien:
www.ucei.it – Unione delle Communità Ebraiche Italiane
Links zu jüd. Musik, dem Getto in Venedig, relig. Studienzentren, der Schoah in Italien, Adressen der Gemeinden (mit Innenaufnahmen der jeweiligen Hauptsynagogen), Jugendbewegungen, Logen, Verlage.

Gemeinden Osteuropa
In Russland gibt es je nach religiöser Strömung unterschiedliche Landesverbände: Chabad, Masorti, Reform bzw. liberal Judaism
www.chabad.org
Orthodoxe jüdische Bewegung mit Links auf einzelne Länder

Israel
Kurze Städteportraits unter www.us-israel.org
Jewish Virtual History Tour

Weitere Adressen
Bundesverband jüdischer Studenten in der BRD (BJSD):
www.juden.de
http:search.jewish-europe.net

www.milch-und-honig
Portal für das jüdische Leben in Berlin und Deutschland

www.hagalil.com
Nachrichten mit Schwerpunkt Israel, die Rubriken Deutschland und Europa sind knapp vertreten, unter „koscher“ verstecken sich Reklame, aber auch durchaus unkoschere bloß „kosher style“ Restaurants.

Zentralarchiv zur Erforschung der Geschichte der Juden in Deutschland (nach 1945), Bienenstr.5, 69117 Heidelberg
www.ub.uni-heidelberg.de

Stiftung Neue Synagoge Centrum Judaicum-Archiv, Oranienburgerstraße 28, 10114 Berlin (Geschichte vor 1945, für Berlin und ehem. DDR nach 1945)
www.cjudaicum.de
Im Internet bloß Liste der Orte, Nachlässe, Vereine und Verbände/ Rabbinate, über die Material in Berlin vorhanden ist.

Informationen über Synagogen in Deutschland
www.synagogen.info – Synagogen Internet-Archiv
erinnert die mehr als 2000 Synagogen Deutschlands, die in der NS-Zeit geschlossen, geschändet oder zerstört wurden.

www.cad.architektur.tu-darmstadt.de
Virtuelle Rekonstruktion von Synagogen durch den Fachbereich Architektur der TU Darmstadt. Bisher die Synagogen von Berlin,

Museen
Association of European Jewish Museums (AEJM)
www.aejm.org
c/o Bernhard Purin, Burgstr.8, 80331 München

Jüdisches Museum Fürth: www.juedisches-museum.org

Jüdisches Museum Frankfurt: www.juedischesmuseum.de
Jüdisches Museum Berlin: www.jmberlin.de

El museo sefardi de Toledo: www.museosefardi.net
Synagoga el Transito, 45002 Toledo

Centro di documentazione ebraica contemporanea (CDEC), Milano
Via Eupili 8, IT-20145 Milano
www.cdec.it

Jewish Museum London: www.jewishmuseum.org.uk
Raymond Burton House (in Camden Town),
129-131 Albert street, London NW 1 7 NB

Galerie (in Finchley), Sternberg Centre
80 East End Road. London N 3 2 SY

Jewish Museum and Archives of Hungary
Dohany u. 2, H-1077 Budapest

Im Aufbau:
Jüdisches Museum Warschau:
jewishmuseum.org.pl
ul. Jelinka 48, PL-01-646 Warszawa

Literatur zu Museen: Offe, Sabine: Ausstellungen, Einstellungen, Entstellungen: Jüdische Museen in Deutschland und Österreich, Berlin Wien Philo 2000, ISBN 3-8257-0191-3

Institute für Judaistik/Jüdische Studien,
s. über Verband der Judaisten in der BRD
http://jewish-studies.virtualave.net/judaistik

Martin-Buber-Institut für Judaistik, Universität Köln
www.uni-koeln.de/phil-fak/juda/

dort: Beste Bibliothek in Deutschland zur deutsch-jüdischen Geschichte
Kölner Bibliothek zur Geschichte des Judentums
„Germania Judaica" über Website wie oben
E-Mail: gj@ub.uni-koeln.de

Basel: Institut für Jüd. Studien
Luzern: Institut für jüdisch-christliche Forschung
Wien: Seminar für Judaistik

Die in diesem Werk angegebenen Internetadressen haben wir überprüft (Redaktionsschluss Juli 2003). Dennoch können wir nicht ausschließen, dass unter einer solchen Adresse inzwischen ein ganz anderer Inhalt angeboten wird.

Glossar

Agudat Israel Hebr. „Vereinigung Israels“, 1912 gegr. Partei orthodoxer Juden Osteuropas und Deutschlands, gegen den Zionismus gerichtet

Antisemitismus Feindschaft gegen Juden auf rassistischer Grundlage

Aschkenas Urspr. bibl. hebräische Bezeichnung für einen Nachkommen Noas, später auf Deutschland bezogen

Bundisten Mitglieder des areligiösen sozialistischen Allgemeinen jüdischen Arbeiterbundes Polens, Litauens und Russlands, gegründet 1897, der nationale Minderheitenrechte für die osteuropäischen Juden anstrebte

Chassidismus Jüdische Frömmigkeitsbewegung Osteuropas, um 1750/70, angeführt von charismatischen Rabbinern

Cheder Hebr. „Zimmer“, Ausdruck für die traditionelle religiöse jüdische Elementarschule

Conversos Zum Christentum meist unter Zwang übergetretene spanische Juden, die nach 1485 vor den Nachstellungen der Inquisition flüchteten

Dhimma Schutzverhältnis nichtmuslimischer Minderheiten unter islamischen Herrschern, verbunden mit der Bezahlung von speziellen Abgaben (Kopfsteuer etc.) und der Festlegung von Erkennungszeichen, Wohnvierteln etc.

Emanzipation der Juden Bestrebungen zur rechtlichen Gleichstellung der Juden vom Ende des 18. Jh.–1871

Falaschas Volksgruppe aus Äthiopien, die sich als Nachkommen von Juden ansehen, Eigenbezeichnung Beita Israel (d.h. Haus Israels)

Hofjuden Jüdische Hoflieferanten im 17./18. Jahrhundert, die über einen besseren Rechtsstatus verfügten als die gewöhnlichen Juden

Jiddisch Gruppensprache der mitteleuropäischen Juden im Spätmittelalter und der Neuzeit, Abwandlung des Deutschen mit hebräischen und slawischen Einsprengseln, sowie dialektalen Unterformen (Poln., litauisches Jidd.)

Mussar-Bewegung Litauisch-jüdische religiöse Strömung im 19. Jh., die der Ethik hohen Wert beimaß

Nussach Polin Besondere Form der ehemaligen jüdischen Liturgie in Polen

Orthodoxes Judentum Im deutschsprachigen Raum religiöse Bewegung, die von Rabbiner Samson Raphael Hirsch und anderen ausging (1840er Jahre ff.) und die im Gegensatz zur osteuropäischen Variante eine Verbindung von allgemeiner (nichtjüdischer) mit religiöser jüdischer Bildung herstellte.

Paulskirchen-Versammlung 1848 In der Frankfurter Paulskirche tätige gesamtdeutsche parlamentarische Versammlung, die eine liberale Verfassung entwarf, letztlich aber von der Revolution überrant wurde.

Schulchan Aruch Hebr. „Gedeckter Tisch“, Zusammenfassung der jüd. religiösen Lebenspraxis des 16. Jh. durch einen sephardischen Autor mit aschkenasischer Anpassung

Schum-Gemeinden Die drei einflussreichen Stammgemeinden des mittelalterlichen aschkenasischen Judentums: Speyer, Worms und Mainz (Begriff entstand durch Aneinanderreihen der Anfangsbuchstaben der Ortsnamen Sch, W, M)

Sfarad Biblischer geographischer Ausdruck, später auf die iberische Halbinsel bezogen, Adjektiv „sephardisch“

Takkanot Schum Anordnungen der Heiligen Drei Gemeinden Speyer, Worms und Mainz (13. Jahrhundert)

Vier-Länder-Synode Organisation der Juden des Königreichs Polen-Litauen, die Steuern eintreiben musste und innerjüdische Fragen regelte, bestehend zwischen 1581 und 1768

Zarfat Hebräischer biblischer Ortsausdruck, später auf Frankreich bezogen

Register